岩波現代文庫／学術 412

「鎖国」を見直す

荒野泰典

岩波書店

目　次

第Ⅱ部　明治維新と「鎖国・開国」言説
——なぜ近世日本が「鎖国」と考えられるようになったのか

第Ⅰ部　「鎖国」を見直す

はじめに

この講義は「日本歴史の争点」という大きなテーマの一部として企画されたもので、私は「鎖国を見直す」というテーマで二回にわたってお話しすることになっています。今、日本史が面白い、と言われています。それは、日本史のさまざまな分野において従来の見方とか考え方、あるいは歴史的事実そのものについても、いろんな形で見直しが進んでいるからです。そういうホットな争点になっている部分を取り上げようという非常に興味深い企画だと思います。

このかわさき市民アカデミーの講座「日本歴史の争点」では、前半の一四回で原始から古代・中世までを、そして後半の一四回では近世・近代・現代までが扱われるようですが、今回の「鎖国を見直す」は、前半の中世までの最後の二回に設定されています。

あらためてお断りする必要はないかもしれませんが、「鎖国」の問題というのは主に近世(江戸時代)に属するテーマです。近世という時代はかつて中世の一部として扱われていたのですが、特に戦後の研究の進展によって近世という一つの、前後の時代とは異なる特徴を持った時代として考えられるようになったものです。現代の日本史の時期区分で言えば、主に豊臣秀吉の時代から明治維新あたりまでに当たります。当初は日本史独自の時期区分としてスタートしたのですが、最近ではヨーロッパ史でも近世という言い方をするようになりました。英語ではアーリー・モダン early-modern と言っていますから、どちらかというと近代に属する、あるいは近代的な要素が育まれた時代です。

しかし中世がどういう時代だったのかを考えることも、近世の「鎖国」、いわゆる鎖国と呼ばれてきた体制をどう考えるかということと密接な関係がありますから、ここでいわゆる鎖国の話をさせていただくことは、必ずしも場違いではないと思います。

これからお話しするのは、江戸時代というのはいわゆる「鎖国」ではなかった、ということです。現在、日本近世史研究者の間では、これは特に説明する必要のない、あたりまえのことにまでなっているのが実情です。にもかかわらず「鎖国」という言葉は残っている。現在でも教科書では、本文には「近世の鎖国」と記述されていて、その注記などで、「実は……」というような調子で、実態についてのちょっとした説明がある。その注記には、私などがここ二〇年ぐらいの間に言ってきたことが部分的に取り入れられているわけです。しかし、本文では「鎖国」がまかり通っているように、あくまで「鎖国」は「鎖国」なんですね。

従って、ここでは近世の国際関係の実態についてお話しするとともに、なぜいまだに「鎖国」と呼ばれているのか、そのことの問題点はなにか、ということについてもお話ししてみたいと思います。いわゆる「鎖国」を見直すということには、史実を発見したり、再評価したりすることとともに、近世を「鎖国」と見なしてきた歴史の見方そのものの見直しも含まれるからです。

1　見直される「鎖国」——現状と問題点

一　高校教科書の記述の変化から

ここでは、「鎖国」見直しの現状がどこまできているか、問題がどういうところにあるかということについて、まず整理してみたいと思います。最初に導入として、高校教科書の記述の変化を見てみましょう。同じ出版社の日本史教科書の一九八四年版と一九九八年版を比較して、どこがどう変わったかを確認しておきたいと思います。まず、二つの教科書の記述を引用します(出版社が「三省堂」なのは、たまたま手元にあり、かつ、国際関係についての記述が、他の出版社より充実していたためです)。なお、引用文中の傍線と番号は、後でする説明のために、私がつけたものです。

＊一九八四年版(三省堂『日本史』)

島原の乱後、幕府はますますキリシタンを警戒し、一六三九(寛永一六)年、ポルトガル人の来航をまったく禁止し(鎖国の完成)、ついで一六四一(寛永一八)年には平戸のオランダ商館を長崎の出島に移し、貿易を長崎だけでおこなうことにした。鎖国の結果、わが国が関係をもつ外国人はオランダ人・中国人・朝鮮人だけとなり、その窓口も長崎と対馬にかぎられ、幕府が、外交と貿易を独占する体制が確立した。

＊一九九八年版(三省堂『詳解日本史B』)

〔キリシタン禁制と通交制限〕……(省略)

〔鎖国の完成と幕藩体制の確立〕……島原・天草一揆におどろいた三代将軍家光は、一六三九(寛永一六)年にポルトガル船の来航を禁止し、一六四一(寛永一八)年には平戸のオランダ商館を長崎の人工島である出島に移して、日本人との自由な往来を禁じるとともに、……(寺檀制度の説明略)……この結果、キリスト教の信仰や日本人の海外往来を禁止し、①幕府が長崎貿易と海外情報を独占することとなった。②こうした状態を鎖国という。〔注〕将軍家光のころに、幕府の組織や制度がととのい、鎖国体制のもとで、将軍と大名が主従関係を結び、幕府と藩が全国の土地と人民をそれぞれ支配する体制が確立されることになった。これを幕藩体制と呼んでいる。

〔注〕鎖国[③]は、ドイツ人医師ケンペルの『日本誌』を一八〇一（享和元）年に志筑忠雄が『鎖国論』と訳したことから生まれた概念で、外圧[④]の高まりとともに、江戸時代を外国から閉鎖した社会とみる考えを定着させていった。しかし、幕府[②]による貿易独占などの政策を、中国の海禁政策と共通したものととらえ、キリスト[⑤]教の禁止など日本独特の部分があるものの、海禁体制と呼ぶようになってきている。

〔江戸時代の国際関係〕幕藩体制のもとで、幕府は貿易をオランダと中国にかぎったが、江戸時代を通じて、長崎の他に、朝鮮との対馬、琉球との薩摩、松前の三か所の外国や他民族との窓口が開かれていた。……（以下、長崎、朝鮮、琉球と蝦夷地の説明省略）

私が立教大学で教えるようになって一七年くらいになります。史学科の講義科目の一つに「日本史概説」というのがあり、日本史の教師四人がそれぞれの専門分野について概説的に講義をし、私は近世を担当しています。近世の大きな特質の一つが、いわゆる「鎖国」ということになっていますから、最初にこの話をします。

赴任した頃は、一九八四年の教科書の記述を示して、「君たちは高校で、江戸時代の日本は鎖国をしていたと習ったでしょう。ところが実態は違うんですよ」と言って、鎖国ではなかったという話をすると、ほとんどの学生が驚いたものです。学生たちを驚かせ、近世史に関心を持たせるという点においては、まあ、それなりの教育効果はあったのではないかと思っています。学生たちのなかには、授業の感想で、「近世史は嫌いだ、なぜなら鎖国をしていたから」というようなことを書く者もいたのです。

次に一九九八年版ですが、この一〇年余りの間に、教科書もずいぶん変わってきたということが、一読しておわかりではないかと思います。一般に「鎖国」とは言っても、単純に国を閉ざすことではないということが、生徒たちのなかにかなり浸透してきているようにも見受けられます。具体的に記述を見てみましょう。

まず前史として、豊臣秀吉の伴天連《ばてれん》追放令、大坂の陣の直前に徳川家康が出したキリシタン禁令などについて説明があり、その一方で「さかんだった朱印船貿易」などについて書かれています。これは一九八四年版も同じです。次に、〔**鎖国の完成と幕藩体制の確立**〕という項目ですが、ここも本文そのものは、ご覧のように、実は、あまり変わっていないのです。しかし、この文章の中ほどに〔注〕が入っています。この〔注〕の説明として、本文の横の欄外に、先に引用したような記述がある。このような注記がなされるようになったのが、新しい点です。しかし、ここまでは一九八四年版とそう違わないですね。大きな違いは次の〔江戸時代の国際関係〕という項目です。先に引用したように、この項目は、

幕藩体制のもとで、幕府は貿易をオランダと中国にかぎったが、江戸時代を通じて、長崎の他に、朝鮮との対馬、琉球との薩摩、松前の三か所の外国や他民族との窓口が開かれていた。

という文言から始まり、それに続けて長崎、対馬(朝鮮)、薩摩(琉球)、松前(蝦夷地)それぞれについて外国との関係を説明しているのです。一九八四年の段階では、長崎以外の関係についてはほとんど触れないか、触れても、ほんの申し訳程度にすぎませんでした。

私は受講生たちに対して、君たちは八四年版の教科書に書いてあるように教えられてきたかもしれないが、実は江戸時代には……と九八年版の〔江戸時代の国際関係〕の項目に書かれているようなことを話すことにしています。つまり、「鎖国」という言葉から国を閉ざしていたと思われがちだが、実際には国を閉ざしていたわけではなく

て、私の提案してきた言葉で言うと「四つの口《くち》」、すなわち長崎、対馬(朝鮮)、薩摩(琉球)、松前(蝦夷地)という、四つの対外関係——正確には国際関係——の窓口が開いていた、だから「鎖国」というのは必ずしも正しくない、という話をするわけです。

そうして、もう一度八四年版の教科書の「……その窓口も長崎と対馬にかぎられ、幕府が、外交と貿易を独占する体制が確立した」という記述に戻って、皆さん、単純な疑問を感じないか、長崎にせよ対馬にせよ海外への口を開いているではないか、開いているにもかかわらず、なぜ鎖国というのだろうか、という問いかけをします。

しかし、九八年版の教科書で確認したように、最近では江戸時代の国際関係をめぐってほとんどの教科書が、日本は海外への口を開いていたことを説明しています。ですからそれに関しては学生たちにも、かつてのような驚きはほとんどありません。そういう話を予備校で聞いた、というような感想を書いてくる学生もいます。先生とまったく同じ話を誰かがしていた、というような感想を書いてくる学生もいて、私はつい、それは僕などが最初に言ったことが、回りまわって君たちの耳に届くようになったんだけどな、などと思うのですが、彼らにとっては誰がそれを最初に言ったかということは、あまり問題ではないのですね……。

それはともかく、問題は、そのように江戸時代には国際関係が開かれていたという当時の実態は説明されているものの、それではなぜ「鎖国」と言うのか、ということについての説得力のある説明は、ほとんどされていないということです。皆さんにも、海外への窓口が開かれていたという話を聞けば聞くほど、ではなぜ「鎖国」なのか、という疑問が湧いてくるのではないでしょうか。ところが、なぜ「鎖国」なのかという問題はまったく解決されていない。大幅に記述が改められた九八年版教科書にも、その疑問に対する答えは何も書かれていないのですね。先に見ていただいたように、「鎖国」という言葉の由来については、〔注〕などで説明されるようにはなってきているのですが、なぜいまだに「鎖国」と呼ぶのか、それが妥当なことであるのか否か、というような、実は本当に知りたいはずのことの説明や議論は省略されているのです。

江戸時代の国際関係に関する生徒や学生たちのイメージ、あるいは江戸時代とは一体どういう時代だったのかということについての捉え方は分裂したままで、その乖離《かいり》はむしろ大きくなっている。そういう点では、鎖国に関する教科書の記述をめぐる事態は決してよくなっていない、むしろ、まじめに考えれば考えるほど混乱の度合いはひどくなっている、つまり、事態はむしろ良くない段階に留まっている、と私は思います。だからこそ、「鎖国を見直す」という作業のなかには、国際関係のさまざまな史実を明らかにするとともに、「見直した」結果、どのような近世史像が描けるのかということを考え、提案する必要があるのです。

二　高校教科書の記述の問題点

このように最近の教科書は、近世の国際関係に関する記述が格段に詳しくなっています。特に朝鮮、琉球(沖縄)、蝦夷地(現北海道)についても記述するようになっています。蝦夷地はもともとはアイヌ・コリャークなど少数民族の固有の生活圏だったわけですが、その関係についても記述するようになっているのです。これは、ここ二〇年ほどの間に、日本史の研究で格段に進んだ分野の一つです。

江戸時代や近世だけではなく、古代や中世に関する研究も著しく進みました。都市史や女性史なども、かつてとは見まちがうほどに研究が進んだ分野です。そのなかの一つに国際関係があります。かつては「鎖国」と見なされていたために、あまり研究がされてこなかったか、あるいはあまり人気のない研究分野でした。教科書にそれらの新しい研究動向をできるだけ反映させようという努力がなされてきたということも、事実です。私もそうですが、友人のなかにも教科書を書いている人がいます。彼らが非常に制限が多いなかで、なんとかして新しい研究成果を取り入れようと努力していることも、私は知っています。その努力を私も高く評価したいと思いますが、同時に、旧態依然の教科書の記述には疑問も残ります。

それは、鎖国という言葉が依然としてキーワードとして使われていて、先ほど紹介したように、「江戸時代の国際関係」という概念との齟齬《そご》がますます大きくなっているからです。鎖国というのは文字通り「国を閉ざす」ということですから、国際関係があったのになぜ「鎖国」と言うのかという、実態と概念の乖離についての説明はされていないので、その根本的な疑問は依然として解決されていないからです。

「鎖国」という概念に代わるものとして「海禁《かいきん》」という言葉が、少なくともこの三省堂の教科書には紹介されています。紹介されている理由は簡単です。今から二〇年くらい前に私が、田中健夫先生の提案を踏まえて、「鎖国」はやめて「海禁」に置き換えよう、と学会で提言しました。三省堂の教科書を書いた人は私のこの説に眼を止めて、紹介してくださっているわけです。もちろん、私の説に反対の人もいて、彼らの書いた教科書では、そのことにはまったく触れられていないようです。

私は、新しい発見や見直された新しい事実があった場合には、それを合理的に説明できるような新しい概念を提示することが歴史家の責任だろうと考えているのですが、いわゆる「鎖国」に関してはまだ近世史研究者の間ではそれは一般化していないのが実情です。韓国に行ってこういう話をすると賛成してくれる人が結構いるのですが、ではなぜ日本では「海禁」という言葉が一般化しないのですか、と質問されることが多いのです。実はその点については私もよく解らないところがあって、うまく説明できないのですが、この問題については、いずれ適当な機会に考えてみることにします。

教科書の記述のなかでも一番の問題だと思われるのは、不十分な、あるいは不正確な記述が目立ち、そのために近世日本の国際関係についてはっきりしたイメージが結べないことです。不正確・不十分な記述になる理由で最大のものは、書き手の認識不足というよりも、教科書自体が負わされている制約の問題です。つまり、書くための字数が厳しく制限されており、その上に、検定があって、どうしても書かなければならないことも決められていますから、一つの事柄やある時代に割くことのできる頁数・字数も非常に制限されている。そのような制約のもとでは、ちょっと込み入った、今からお話しするような「鎖国」をめぐる話などはとても書きこみきれないのです。

とは言っても、こういう問題を議論するために必要にして十分な情報が、正確に高校生たちに、あるいは教科書を読む人たちに伝えられていないことは、やはり大きな問題と言わざるをえません。

不十分・不正確とは具体的にどのようなことなのかを説明するために、先ほどの教科書の引用文を例に、その部分に傍線を引き①～⑤まで印をつけておきました。

例えば第一に、①にあるように、「日本人の海外往来」がすべて禁止されたわけではありません。江戸時代の実態はどうだったかというと、例えば対馬には、対馬藩という藩があり宗《そう》氏という大名がいて、対馬藩が朝鮮との関係を責任をもって管理し、運営に当たっていました。朝鮮の釜山《プサン》という都市には倭館《わかん》と呼ばれる施設があり、対馬藩はここに藩士や商人たちを送りこんで、朝鮮側とさまざまな外交案件を協議したり、貿易を営んだりしていました。対馬藩の役人の他《ほか》商人や僧侶といった藩関係の民間人が常駐しており、対馬藩の説明によると、多い時は一二〇〇人、幕府の隠密の調査によれば五〇〇人くらいはいたとされています。釜山は明らかに外国です。そこにそういう施設があって、日本人である対馬の人々が、完全に自由だったとは言い切れませんが、日本と朝鮮との間を常に往来していたという事実があります。

次に琉球ですが、琉球が当時外国として扱われていたことも、否定のしようがありません。琉球は、日本と清《しん》の両方に服属していた、いわゆる「両属」と呼ばれる関係にありました。つまり、明《みん》・清に「藩属国《はんぞくこく》」の一つとして臣下の礼をとり、朝貢使節を送っていたのですが、一方で一六〇九年には薩摩藩の侵略を受けてその属領になっていたのです。日本と中国の両方に附属(あるいは従属)するという複雑な形ではあったのですが、名実ともに王国の形態と内実を持つ独立王国でもあったわけです。また、蝦夷地は一八六九年(明治二)に北海道に改称しましたが、それ以前は外国(より正確には「夷域《いいき》」――「日本」以外の地域――)という扱いでした。自由な往来ができたわけではなく、ある制限のもとではあったのですが、日本人(和人)は蝦夷地と行き来していましたし、同様に薩摩の人々は琉球と往来していたわけです。従って、日本人の海外往来がすべて禁じられていたのではなく、ある種の役割や特権を持った日本人しか海外に行くことが許されていなかった、というのが実態です。

もう一つは、特に東南アジア地方には一七世紀初めから朱印船が通っていたことです。これは幕府から、ヴェトナムとかあるいはタイなど東南アジア地域に渡航することを許された船です。それを証明するための幕府のお墨付きを「朱印状」と言い、それを持って日本・東南アジア間を航海し、幕府の権威によって航海と渡航先での貿易の安全が保障されるということになっていました。その渡航が禁止されたわけですね。

このように、「日本人の海外往来」ということ一つとってみても、それが「禁止」されたということでは説明しきれないような実態があったわけです。教科書の記述では、幕府が何を禁止したのかがはっきりしないですね。先走って言えば、幕府は「自由な往来を禁止した」というのが正しい記述です。特権を持っているか、あるいは幕府や藩のなんらかの役割を帯びて海外に出ることについては、幕府は禁止していないのです。「海外往来の禁止」ということについては、そこまで踏みこんで正確に説明する必要がある――そうすれば生徒諸君も、その制度をリアリティをもって理解できる――のですが、そこまで説明したものはない、もしくは多くはないのです。

第二に、②の「幕府による貿易独占」という記述も不十分です。これはいたるところに見られる記述ですが、幕府が貿易を独占したという表現は不正確だと言わざるをえません。確かに、一六三五年に日本に来航する中国船は、幕府の直轄都市である長崎に集中され、平戸にあったオランダ商館も、一六四一年には長崎に移転させられます。すでに一六一六年には、ヨーロッパ系の外国船の寄港地は平戸と長崎に制限されていたのですが、これらの一連の措置によって、ヨーロッパ船や中国船などシナ海域から来航する外国船の寄港地は長崎に限定され、それ以前にこれらの船の寄港地を領内に持ち、自由にこれらの船と外交や貿易などの交流を持っていた大名とその領民たちは、その機会を奪われることになりました。そのかぎりでは、幕府が長崎で中国・オランダとの貿易を「独占」したように見えます。しかし、その実態に立ち入ってみると、「独占」という言葉では表現しきれないような内容を持っています。

まず幕府、あるいは徳川将軍家の貿易への関わり方は、「独占」という言葉とはかなり異なるものでした。貿易による利益には二通りあって、一つは輸入品を売買した時に得られる仕入れ値と売値の差額です。もう一つは、荷物の積み込み・積み下ろしをはじめとして貿易に付随して発生するさまざまな事柄にかかる手数料です。このうち、前者の売買にともなう利益を手にするのは貿易商人です。では、後者の手数料を誰が手にするかといえば、長崎の町です。長崎という都市全体が貿易の運営機構のようになっていて、それを貿易の利益として得ることで成り立っていたわけです。

それでは幕府は何をしたかといえば、その貿易全体を管轄、あるいは支配していただけです。直接貿易に携わるのは、長崎という特権的な都市と特権商人たちでした。そこには、いわゆる「兵農分離」と同じように、「兵商分離」というタテマエがあるように思われます。つまり「兵」(武士)は「農」にも「商」にも直接には携わらない、というタテマエです。「農」も「商」も、それを職分とする人たちに任せて、「兵」はそれを管理・統制(支配)するということです。貿易は「商」ですからね。幕府は、対馬・薩摩・松前の三口を除いて、諸大名が直接貿易に携わる機会を奪ったのでしたが、それと同時に、自らもそこから手を引いて、「商」に任せ、全体を統括する立場に身を置いたのでした。

たまに幕府は貿易利潤の一部を吸い上げることもありましたが、それはその時々の政権の考え方や状況によって異なっていて、貿易利潤を独占するという原則にはなっていなかったのです。将軍家が将軍家らしく振舞ったことの一つは、輸入品のなかで一番いいものを優先的に選ばせ、買い上げたり、その一部を朝廷に献上したことです。将軍家だけではなくて、中国の王朝でも王は輸入品のなかの一番いいものを優先的に取っていたわけで、これは国王の特権でもあったのですね。それが何を意味しているかといえば、貿易や外交の権利は最終的には国王に属するのだということ、つまり国王特権の実態の一つ――あるいはその表象――です。将軍家はその「国王」の特権*として、輸入品を優先的に安い値段で買いとったり、献上させたりはしましたが、それ以外のことはしない――それらの品を朝廷に献上することは通例でしたが――。もちろん、中国・オランダとの貿易を長崎に限定したことは一種の独占と見ることもできますが、それもむしろ「兵商分離」政策の一環と見る方が正確であり、さらに、そのなかで行われていたことがどのようなものだったかといえば、今お話しした通りです。

＊ 近世日本の国王が誰であるか、つまり、天皇か、将軍か、ということについては、江戸時代以来の長い議論の歴史があります。制度的には、徳川将軍は天皇に任命されて将軍となるのだから、天皇が「国王」といってよいでしょう。その一方で、徳川将軍は国内の統治権から外交・貿易権まで掌握しており、実質的な国王といっても差し支えないほどの権

限を持っていました。当時来日した外国人たちのうち、例えばオランダ人は、天皇を「精神的な皇帝」、徳川将軍を「世俗的な皇帝」と見ていました。彼らは、天皇が世俗的には、ほとんど何の権限も持っていないのにもかかわらず、宗教や心性の面での天皇の役割の大きさにも気づいていたので、このような呼び方をしたのでした。なお、彼らが天皇も将軍も「皇帝」(オランダ語で、de keizer)と呼ぶのは、大名たちの大きなものを「王」(de koning)と見なして、天皇・将軍は、その上に君臨する存在(諸王の王＝皇帝)と見なしたからだと思われます。この事例を踏まえて、ここでは、天皇と将軍が一体となって、あるいは連合して、王権を構成していた――もしくはオランダ人はそう観《み》ていた――とするのが実態に近いと考えておくことにします。

そうやって貿易を支配していた幕府の役割は何だったのか。幕府は全体として国内市場、つまり当時の日本国が必要としていた商品を安定的に円滑に国内に導入するためにいろいろと努力をしていたということです。それが「国王」たるものの役割だったからです。長崎以外の三つの「口」も、そういう日本の市場が必要としているものを取り入れるための「口」でもあったわけです。これらの点については、後に詳しくお話をしようと思っています。

教科書の記述に関する第三の問題点は、このように「鎖国」・「海禁」といった用語(概念)の説明が不十分だということです。この点についても、次回に詳しくお話しし

アジア諸地域・諸国とキリスト教

本格的伝道 (西暦年)	近代までの経緯	信徒の人口比 (1980 年，%)
1859	1587 布教禁止，1612-1873 禁教	3.0
1582[c]	1706 宣教師追放，1723-1844 禁教	0.2
1858	1624-62 オランダ領，-83 鄭氏後清領	7.4
1842	1842 イギリスへ割譲	17.7
1557	1557 ポルトガル人居住，1887 ポルトガル領	12.4
1882	1791-1882 禁教	30.5[e]
		0.9[f]
1565	1565-1898 スペイン領	94.3
1630	18 世紀後半タイ支配下，1899 フランス領	1.8
1580	1645 初弾圧，1825 宣教師入国禁止	7.4
1511	1511 ポルトガル マラッカ占領,	6.2
1511	1640 オランダ占領，1824 イギリス領	8.6
17 世紀	1842 教会 4，信徒 222 人	0.6
1554	18 世紀の弾圧	1.1
1520 年代	1520 ポルトガル，1605-1799 オランダ支配	11.0
1668	-1899 スペイン領，1899-1917 ドイツ領	97.5
	1886-1948 イギリス領	5.6

辞典』教文館；1986 年
ウス派(景教)，b フランシスコ会士北京で伝道，c マテオ・リッチの伝道.
献により伝わる．e 大韓民国，f 朝鮮人民共和国，g マゼランの遠征隊，h ス
ランシスコ会士スマトラ・ジャワ・ボルネオと接触.
宗教(1980 年，%)日本；仏教 59.6，中国；無宗教 59.2cf，中国系民族宗教
教 48.5cf，仏教 43.0，香港；中国系民族宗教 47.4，マカオ；中国系民族宗教
ニズム(民間信仰)25.9，朝鮮民主主義人民共和国；無宗教 52.1cf，シャーマ
57.8cf．部族宗教 33.6，ヴェトナム；仏教 55.3，マレーシア；イスラム
24.7，シンガポール；中国系民族宗教 53.9，カンボジア；仏教 88.4，タイ；
イスラム 43.4cf，新宗教 35.5，ミャンマー；仏教 87.2.
よる.

表1　前近代の

国名	伝来（西暦年）
日本	1549
中国	635[a]，1249[b]
台湾	1621
香港	
マカオ	
朝鮮	1777[d]
フィリピン	1521[g]
ラオス	
ヴェトナム	
マレーシア	
シンガポール	
カンボジア	1555
タイ	1554
インドネシア	7世紀[h]，1323[i]
太平洋諸国	
ミャンマー	1544

注1）典拠：『キリスト教百科
2）表中の注記：a ネストリ
d 北京からカトリックの文
マトラ島で教会成立，i フ
3）もっとも人口比率の高い
20.1，台湾；中国系民族宗
54.4，大韓民国；シャーマ
ニズム15.6，ラオス；仏教
49.4cf，中国系民族宗教
仏教92.1，インドネシア；
4）本表は，荒野・1987に

ます。

第四の問題は、キリスト教の禁止は⑤で述べられているような「日本独特」ではなかったということです。まず、**「表1 前近代のアジア諸地域・諸国とキリスト教」**を見てください。これは日本・中国・台湾・香港・マカオ・朝鮮……とシナ海域から東アジア・太平洋諸国すべての国々のキリスト教との関係と、人口に占める信徒の比率を示したものです。この表を見ると、東アジアあるいは東南アジアにおいて、当時一応の国家システムを持っていた地域で、キリスト教を禁止していない国は一つもなかったことがわかります。実は私自身、この表を作ってその史実を確認してあらためて驚いたのです。キリスト教の禁止というのは日本独特だと日本人は思いがちですが、そんなことはないのですね。

この表を作ったのは、キリスト教の禁止や信仰の自由の弾圧がいいとか悪いとかというような議論をするためではありません。まず、江戸時代と同時代の世界を見まわしてみると、信教の自由を保障している地域や国などどこにもないということです。それを、あたかも日本の独特のあり方であるかのように誤解して、その誤解の上に何かの論を立てるのはいかがなものか――そのことを確認するためにこの表を見ていただいたわけです。

この事実を踏まえた上で、あらためて幕府がキリスト教を禁止し、かなり苛酷な弾圧もしたのはなぜかという問題に立ち返ってみましょう。宗教の弾圧というのはどこの国でも――例えば有名な中世ヨーロッパの「魔女狩り」のように――苛酷なものでした。そういう世界史的にも普遍的な国家と宗教の関係の一例が、江戸幕府のキリスト教への対応だったと見ることができます。そのような宗教弾圧、あるいは宗教的な紛争や衝突などは、具体的に、どのような原因で起き、それらはどのような経過をたどるのか。このような普遍的な問題を考えるための事例の一つが、近世日本のキリスト教の問題なのだ、という風に捉えなおすべきだと私は考えています。そうすれば、より妥当な歴史認識、日本のキリスト教問題のみならず、江戸時代全般についての、より妥当――あるいは穏当――な歴史認識に到達できるのではないでしょうか。

そのような作業を通して初めて、「特殊な歴史を歩んだ日本、そのなかの江戸時代」という従来型の江戸時代史像ではなく、「世界史、あるいは人類史における日本史と、そのなかの江戸時代」という新しい江戸時代史像が見えてくる、と私は考えているのです。残念ながら、そのための――言い換えれば、歴史の本当の面白さを伝えるための――材料としては、現在の高校教科書の記述は依然としてはなはだ不十分で不正確であるという結論に達せざるをえません。

そして、同じような傾向は研究の場における、いわゆる「鎖国」を見直すという作業にも見ることができます。新しい事実の発見や既知の史実の見直しなどが進む一方で、それらを総体としてどのように見るのか、それらの見直しによってどのような新たな江戸時代史像が描けるのかということについての議論は、なかなか深められていかず、いまだに「鎖国」という言葉がまかり通っている――言ってみれば研究そのものが「鎖国」状態にある――のが現状なのです。

2 「鎖国」という言葉の経歴——誕生・流布・定着の歴史的意味

一 「鎖国」という言葉の誕生

「鎖国」という言葉が生まれたのは、先ほどの一九九八年版教科書の〔注〕の記述にあったように一八〇一年です。この教科書には、その後、外圧が強まるとともに日本社会に定着していった、と書かれています(本書八頁、④)。私もそう思っていました。しかし調べてみると、そのあたりの経緯も、もう少し複雑だったのです。

それについては後ほどお話ししますが、その前にまず、「鎖国」という言葉の誕生についてお話しします。

当時の日本を「鎖国」と言ったのは、エンゲルベルト・ケンペル Engelbert Kaempfer(一六五一—一七一六)という人です。彼はドイツ人で、長崎出島のオランダ商館に医師として二年間駐在していました。

ここでちょっとオランダ商館の説明をしておきましょう。一六〇二年にオランダ語でＶＯＣ(Vereenigde Oostindische Compagnie 連合東インド会社)が、世界初といわれる株式会社という形式で設立されました。この会社の本店はアムステルダムにあったのですが、アジアにおける出先機関の中心《センター》がバタビア(現在のインドネシアのジャカルタ)にありました。その支店がアジア全域にわたって網の目のように置かれ、その一つが日本にもあり、しかも一七世紀においては、アジア各地の商館のなかでもっとも大きな利益をあげていたのでした。この支店を通常は、商館 Comptoir, Factorij と呼び、オランダ側の責任者は上級商務員 Opperkoopman で、一般に商館長 Opperhooft, President と呼ばれていました。日本側では、伝統的にポルトガル語に由来するカピタン Capitão という呼び方が一般的でしたが。

オランダ商館は一六〇九年以来ずっと平戸にあったのですが、島原の乱後の四一年にポルトガル人が追放された跡の長崎出島に移されました。その後一七九九年まで会社が存続したので、その間は会社の支店(商館)として、その後はオランダ外務省(植民省)の管轄下の商館として、一八六〇年まで出島で活動していたわけです。ここには、多い時で二〇人、少ない時でも一〇人ほどの人がオランダから派遣されて、駐在していました。当初は平戸に、一六四一年(寛永一八)以降長崎出島に置かれていたのは、オランダ東インド会社の、アフリカの南端喜望峰から東のアジア全域に展開する支店(商館)網の一つでした。

そこには医者が必ず常駐していて、多くはオランダ人でしたが、そのなかでもよく知られているのはケンペルやシーボルト Philipp Franz von Siebold(一七九六―一八六六)で、いずれもドイツ人というところが面白いですね。このようにVOCの職員には、オランダ人以外のヨーロッパ人がかなりまじっています。当時、オランダの人口はわずか二百数十万人。それで世界中の海、特に東インド(アフリカのケープタウンから香料諸島、および、インドネシア南方から日本の北方まで)の海域に覇権をふるっていましたから、外国人を雇う例も多かったようです。イギリス・フランス・デンマーク・スウェーデンも東インド会社をつくりましたが、オランダ・イギリスの他は、あまり長続きしなかったようです。それに当時は東インドでの諸活動は東インド会社が独占していましたから、特に、ドイツやベルギーといった内陸の人たちが東インド地域に行こうとする場合には、東インド会社の社員になるのが一番の近道だったのです。

ケンペルは冒険家でもあり、そのように、世界旅行を目指したヨーロッパ人の一人として日本にやって来たのです。一六九〇年のことで、その頃日本は、後に「元禄時代」と呼ばれることになる時代でした。彼は出島に二年間滞在し、その間二度商館長に随行して長崎・江戸間を往復し、その見聞をもとに『日本誌』を書いたのです。

いや、むしろ「書いた」というよりも、実際には、ケンペル自身は本国に戻って書くことを望み、草稿まで準備していたのですが、いろんなことがあって刊行できないままに亡くなってしまいました。しかし、彼が残した遺稿がイギリスの富豪に売られ、それを整理していた人が、『日本誌』のまとまった草稿を見つけ、それを整理して、まず英語で出版したのが、*The History of Japan*(日本誌)です。これが評判を呼び、フランス語やオランダ語に翻訳された。オランダ語訳は一七三三年に出たのですが、まもなく日本に輸入されて、長崎のオランダ語通詞《つうじ》は大体それを読んでいたようですし、長崎を訪れた日本の知識人たちも通詞たちを通じてこの書物のことを知っていたようで、一八世紀の後半には、この書物の存在は、かなり知られるようになっていました。ただ、彼ら(日本人の訪問客)の興味を引いたのは、それに収録されている図版などで、主に博物学などの関心によるものだったようです。

しかし、元長崎通詞の志筑忠雄《しづきただお》(一七六〇―一八〇六)は、この書物に、それまでとは違った観点から関心を向けます。それは、彼がとてもよくオランダ語ができた上に、自然科学や人文学に広い関心と知識を持っていたことによると思われます。彼はオランダ語の他に、ドイツ語やラテン語まで読んだ形跡があるようです。彼は当時はむしろ天文学者として知られており、『暦象新書』(一八〇二年)で、ニュートン力学を紹介した人でもあります。もともとは長崎通詞だったのが、体が弱いので引退したと言われていますが、初めから学究の道に入りたかったのかも知れません。

彼は、それまでとは違ってケンペル『日本誌』の付録の論文の一つ「今の日本人全国を鎖《とざ》して国民をして国中国外に限らず敢えて異域の人と通商せざらしむる事、実に所益なるに与《あずか》れりや否やの論」――これはケンペルのつけた表題を彼が忠実に訳したもの――に着目したのでした。そしてこの論文を翻訳して『鎖国論』と名づけたのです。彼は『鎖国論』の凡例に、この言葉(「鎖国」)は自分が考え出したもので、それ以前にはなかったと書いています。今のところそれ以前に「鎖国」という言葉を使った例は発見されていないようなので、彼の創案になる言葉と考えてよいと思われます。つまり志筑の翻訳したケンペルの論文は、表題からもわかるように、日本の「鎖国」の是非を論じたものだったのです。志筑はオランダ語がよくできたために、いち早くその内容に着目したのだろうと思われます。

ケンペルの論文には、オランダ語で日本が「国が閉ざされている」het rijk gesloten te sein という意味の表現があり、ケンペルは確かに、当時の日本の体制をそう見ていたと考えていいでしょう。当時のヨーロッパ人のほとんども、彼らの報告に基づいて、そう見ていました。それに志筑は「鎖国」という言葉を当てはめたわけです。言い換えれば「鎖国」という概念(あるいは日本語)は、ケンペルと志筑の合作ということになります。ついでに言っておくと、志筑が翻訳した『鎖国論』を読んで初めて、当時の日本の知識人たちは、自分たちの体制、あるいは国の在り方を「開・閉」の二項対立で考えるという発想があることや、その体制がキリスト教の禁令と関係があることに気づかされることになります。その体制ができて二〇〇年近くも経つと、その経緯や当事者の切実さも忘れられてしまうということでしょうか。志筑の『鎖国論』を江戸に紹介した大田《おおた》南畝《なんぽ》(一七四九―一八二三)や、志筑より少し遅れて独自にケンペルの論文を翻訳した高橋景保《かげやす》(一七八五―一八二九)らですら、そのようにしていわゆる「鎖国」の意味に気づかされたのでした。

　さて、話を本筋に戻します。先ほど引用した一九九八年版教科書の〔注〕の③(本書八頁)の「鎖国は、ドイツ人医師ケンペルの『日本誌』を……志筑忠雄が『鎖国論』と訳したことから生まれた概念……」という記述はその通りなのですが、その説明が不十分だという理由を次にお話しします。

二 「鎖国」の評価の変遷

志筑忠雄が『鎖国論』として訳した論文を、ケンペルはどういうつもりで書いたのでしょうか。彼の論文の結論部分は、次のようになっています。

彼(将軍綱吉―荒野注)は少年時代から孔子の教えによって教育され、それを奉じて、国民と国土とにふさわしいような政治を執り行なっている。この君主の下で万民は完全に一致協和し、皆々その神々を敬い、法律を遵守し、長上の意に従い、同輩には礼譲と友誼をつくしている。この民は、習俗、道徳、技芸、立居振舞いの点で世界のどの国民にも立ちまさり、国内交易は繁盛し、肥沃な田畠に恵まれ、頑健強壮な肉体と豪胆な気象を持ち、生活必需品はありあまるほどに豊富であり、国内には不断の平和が続き、かくて世界でも稀に見るほどの幸福な国民である。もし日本国民の一人が彼の現在の境遇と昔の自由な時代とを比較してみた場合、あるいは祖国の歴史の太古の昔を顧みた場合、彼は、一人の君主の至高の意志によって統御され、海外の全世界との交通を一切断ち切られて完全な閉鎖状態に置

かれている現在ほどに、国民の幸福がより良く実現している時代をば遂に見出すことは出来ないであろう。(小堀桂一郎訳)

先に、志筑の訳で紹介したケンペルの論文は、もう少し今風な日本語にすると、「日本帝国に於て本国人には海外渡航が、外国人には入国が禁ぜられ、且つこの国と海彼《かいひ》の世界との交流はすべて禁ぜられているのが極めて妥当なる根拠に出でたるものなることの論証」(小堀桂一郎訳)となります。

ここに書かれているのは鎖国肯定論です。つまり、日本は一人の統治者の最高意志によって支配され、他の全世界との共同生活から切り離され完全な鎖国制度がとられている、しかし日本人の優れた国民性、礼節・道義、挙措、技術、盛んな国内商業、豊かな国土、強健な身体と勇敢な精神、余剰のある生活物資、そして国内の平和……がある、と並べたてた上で、こういう現状と昔の自由(これは戦国時代までの日本のこと)とを比べると、現在の日本ははるかに安定していて明日が計算できる時代である、昔の明日をも知れない時代と現在の安定した時代を比べると、現在は若干不自由かもしれないが、国民はどちらが幸せだと思うであろうか、国民は今がいいと言うに違いない――これがケンペルの結論だったのです。そういう日本事情――中国も同じですが――のイメージが同時代のヨーロッパに伝えられて、ヨーロッパの百科全書派のディドロ Denis Diderot(一七一三―八四)などの啓蒙思想家たちに大きなインスピレーションを与えたのです。カント Immanuel Kant(一七二四―一八〇四)の『永遠の平和のために』(岩波文庫)という短いパンフレットがありますが、これも同時代の日本や中国を取りあげ、理想的な国家・地域として描いています。カントも、ケンペルなどの情報によって、日本や中国を「鎖国」と見ているのですが、しかしそれは平和を保つための方策として肯定的に評価されているのです。同時代のヨーロッパは、長年戦争に明け暮れていました。それに比べると一七世紀末から一九世紀初めにかけての日本を含めた東アジアは、非常に平和で繁栄していた。ヨーロッパと日本(を含む東アジア)とを比べた時に、どちらがいいか、とケンペルは問いかけたわけですね。それがヨーロッパの思想家たちに大きな影響を与えたのです。まだ、ヨーロッパがアジアなど他の地域に対する憧れと尊重の気持ちを保《も》っていた時代でもありました。

しかし、いわゆる「鎖国」に対する評価も、一八世紀後半から一九世紀にかけての時期――つまり志筑忠雄がこのケンペルの論文を翻訳する時期――になると、一八〇度と言ってよいくらいに変わります。ヨーロッパの政治思想がまったく変わってくる。少なくともヨーロッパはアジアに対する見方をまったく変えてしまったのです。例えば、ケンペルによって理想社会として描かれた「一人の統治者の最高意志によって支配されている社会」というのは、一八世紀以降のヨーロッパでは専制国家ということにされる。「平和な社会」は安定しているが進歩のない社会に、「自分の生活に満足している国民たち」は、現状を改革する意志のまったくない人々、と見られるようになる。かつては憧憬をもって肯定的に評価されたことが、すべてマイナスの評価に変わってしまったのです。そういうマイナス評価の最たるものが、いわゆる「鎖国」でした。

実はケンペルの『日本誌』は、ヨーロッパで二度出版されています。一度目はすでに述べたように、一八世紀の前半に英語で出版されました。その後、ケンペル自筆のドイツ語の草稿が発見されて、それをもとにドイツ語版が出版されたのですが(一七七七〜七九年)、これが二度目です。その編者・校訂者であり、歴史・地理・経済学者で大学教授だったドーム Karl Dohm(一七五一―一八二〇)は、ケンペルのこの論文について丹念に論評しています。彼は、ケンペルの「鎖国」肯定論の論拠を、国家の支配体制と国民の良俗を維持するために必然の措置であり、かつ、日本が自給自足国家であるために不自然な状態ではないと要約した上で、そのかぎりでは妥当としながらも、「しかしながらその他の点では、人類一同からかくも敵対的に隔離されている状態は国民全体にとっては言うまでもなく大きな不幸である」として、次のように述べています(小堀桂一郎訳による、ただし傍線と番号⑥⑦は荒野)。

これでは国民は文化と啓蒙に於ける進路を不自然に閉ざされているわけで、その点での進歩は達成されないし、国民の需要の範囲も拡大せられない。また鎖国がなければ可能だったであろうところの生産の増強や質的向上も望めない。また最終的には国民にかくも圧制を加えているところの専制政治に抵抗するにも外国からの援助を望むことが出来ない。(中略)もし日本が今の状態に留まるならば、爾後数世紀のうちに日本が次第次第に野蛮に化してゆくことは疑いようがない。国民の精神はこの永劫の監禁状態にあって常に目標なく、競争なく、また刺戟もないために益々狭隘に、劃一的に且つ屈従的になってゆく。⑥日本はまた次第に人口が増加してゆき、加えて土地は絶えざる過重な要求のために次第に生産性を低下させてゆくばかりなので、益々貧困になってゆくであろう。次第に貧しくなってゆく国民は一方また同時に粗野に無知になってゆかざるを得ない。

(中略)

⑦従って日本が再び開国し、この強圧的体制を解除することが日本人にも外国人

にも緊急なる重要事である。国内の革命によってはこのことは期待出来ない。（中略）そして海外からの働きかけを以てしては、この不自然に閉ざされた国家を開国させるだけの力を持った国はないであろう。

これを一読しただけで、ヨーロッパにおけるいわゆる「鎖国」の評価が一変してしまったことがおわかりでしょう。引用文の傍線⑥の部分は、いわゆる「鎖国」の功罪のうちの罪に当たる側面として、その後長く取り沙汰されることになります。明治維新以後「鎖国」の功罪、つまり、鎖国してよかったか悪かったかということがしきりに議論されたことがありました。これを鎖国得失論、と呼びます。つまり、良かった点(得)、あるいは、悪かった点(失)を議論するから、「得失」論、というわけです。例えば、「鎖国」の結果国内の秩序と平和が維持された(＝得)反面、世界の進歩に遅れてしまった(＝失)が、外国からの影響がなかったために日本独自の文化が花開いた(＝得)、といった具合です。おそらく、皆さんもこのような議論を、どこかで聞かれたことがあるでしょう。あるいは、「鎖国」について考える場合に、なんとなくこのような発想で考えているご自分に気づかれるのではないでしょうか。このような発想のもとは、実は、ヨーロッパにあり、それが、明治維新以後の日本の近代化とそのもとでの教育のなかで、国民にもすりこまれたのでした。

このことに関連して、問題は二つあります。一つは、すでに述べたように、一八世紀を経るなかでヨーロッパの自他を見る目、つまり、自他認識が大きく転換し、ヨーロッパ以外の地域、例えばアジアが否応なく近代化する過程において、技術や制度のみでなく、ヨーロッパの価値観をも、ほとんど疑問の余地なく、あるいは否応なく受けいれた、というよりも受容せざるをえなかった、ということです。このことについては、また後で触れる機会を持ちたいと思います。

もう一つは、これも後で詳しく述べるように、ヨーロッパ人にはそのように見えた、もしくは彼らがそう断定したとしても、日本は「鎖国」をしていたわけではなかったし、停滞していたわけでもなかったということです。例えばシーボルトは、一八二三年に日本にやって来て約七年間日本に滞在し、日本とその周辺諸国、およびそれら相互の関係について非常に詳しいリサーチを行いました。彼は、帰国後に『日本』と名づけた、日本とその周辺諸国(朝鮮・琉球・蝦夷)、および相互の関係について詳細な報告書を出版しました。当時のヨーロッパでは、ドームの見解の⑥で見たように、日本は鎖国をしているから、国内商業はいずれ次第次第に衰え衰亡していくに違いないと考えられていました。しかし、シーボルトは実態調査の結果、日本は繁栄している、周辺の国々との交易によって栄えていると書いています。彼が認識した当時の日本の状態は、私が「日本型華夷秩序《かいちつじょ》」と呼んでいる、周辺諸国・諸地域との関係のあり方そのものだったのです(「日本型華夷秩序」についても、本書第Ⅰ部第3章で説明します)。

しかしシーボルトは、当時の日本の状態を正確に認識し、先に見たドームのような「鎖国」観が実態に合わないことを知りながら、それにもかかわらず、すでに世界はそういう閉じられた関係に日本が留まることを許さない、そういう情勢になってきているので日本は開国されなければいけない、と結論づけているのです。要するに彼らにとっては、日本がヨーロッパとの関係をオランダだけに限定していることが、「鎖国」だったわけで、それはすでに世界の趨勢に合わないものになっているというわけです。これが、先に引用したドームの意見の傍線⑦に関わってきます。この姿勢は、後にかなり強引に日本を「開国」させたペリーの考えと――つまりそれが日本のため、でもあるという口実において――まったく一致していることも言い添えておかなければなりません。

志筑忠雄はそういう時代状況のなかで、というよりも、そういう時代を見越して『鎖国論』を翻訳したに違いありません。そこに、日本が「鎖国」をしているわけではないということを十分承知していた志筑が、『鎖国論』を翻訳した理由があると私は考えています。要するに、ヨーロッパ人は日本のことをこう見ている、「鎖国」に対する評価がマイナスになっている、ということを国民に知らせようとしたのだと私は思うのです。志筑は、おそらく、日本がこのままの状態に留まっていれば、ヨーロッパはいずれこの体制を否定して、もう少し自由な貿易をさせろと要求してくるに違いないということまで見越していた——当時としてはほとんど唯一の人だった——のでしょう。それでこの翻訳をしたのだと私は思います。

先にも言ったように、志筑自身は、日本が鎖国をしていると見ていたわけではありません。『鎖国論』の凡例ではっきりと、「日本はケンペルの言ったように国を鎖しているわけではないが……」——原文は「通商なきにしもあらず」——と書いています。しかしヨーロッパの人たちにとってみれば、当時の日本の体制は鎖国に等しい、とも書いている。ちょうど、先に紹介したシーボルトの姿勢に照応した認識です。彼は非常にものがよく見えていた人だったのだろうと、私は思います。それ故に、欧米諸国に迫られて、いずれ「開国」せざるをえなくなるだろうということを見越していて、それに備えて日本国民は上下一致して事に当たることが必要だと繰り返し警告しているのだと思うのです。

ただし、志筑がこの翻訳をした一八〇一年当時からしばらくの間、『鎖国論』は写本という形でひそかによく読まれはしたものの、社会に大きな影響を与えるほどではなかったし、「鎖国」という言葉自体も流布しませんでした。一八三〇年代になってくると少し様相が変わってきますが、しかし、この言葉が一気に流布するのは、ペリーの来航以後です。幕末・開港以後になると、知識人レヴェルでは普通に「鎖国」という言葉が使われるようになります。さらに、これが国民全体に深く浸透していくのは、小学校教育が始まってからです。歴史の教科書に「鎖国」という項目が入ったのが明治中期頃だと思いますが、それ以後この言葉が国民全体に浸透して行ったと想定されるのです。

その頃にはすでに、日本は「富国強兵」をどのようにして実現するのかという、深刻な課題に直面していました。そういうなかで、「富国強兵」を妨げる負の遺産としての「鎖国」が強調されるようになっていく。例えば徳富蘇峰のように、日本は「鎖国」をしてしまったからヨーロッパ列強と同じような植民地を持てなかったではないか、これは悔やんでも悔やみきれない……というような言い方が出てくる。日本の近代化が遅れたのは「鎖国」のせいだというわけですが、要するに、例えば蘇峰がこのような発言をした当時は朝鮮をめぐって清との緊張が高まりつつあり、それにつけても、ヨーロッパなどと比べて東南アジアなどで植民地を獲得するのが遅れ、ひいては近代化が立ち遅れたことが悔やまれるが、それは「鎖国」のせいだというわけです。こうして、鎖国のマイナスイメージが広められ、浸透していく。日本の近代化を妨げる前の時代(近世)のさまざまな要素、例えば封建制度などが江戸時代の「負の遺産」として指弾されるようになりますが、それらの「負の遺産」の最たるものが「鎖国」とされ、そのイメージが国民のなかに浸透して行った。おそらく皆さんも、そういうイメージで鎖国のことを教えられていたのではないでしょうか。言うまでもなく、私もそうだったのですが。

三 鎖国観定着の意味

「鎖国」という言葉で、時代によって二つのことが言われたわけです。ケンペルの時代――一七世紀から一八世紀にかけて――には、鎖国というのはヨーロッパにおいても肯定されていたのですね。それが一八世紀の後半から一九世紀にかけて一八〇度転換して、全否定されるようになり、それが日本に入ってくるわけです。

日本が幕末から明治維新に欧米列強に伍すために富国強兵を実現しなければならな

いという現実的な課題のなかで、それの阻害要因の最たるものとして「鎖国」が捉えなおされ、そういうイメージが社会全体、国民全体に浸透していった。そういう風にして、「鎖国」をしていたとされた江戸時代・近世という時代も、否定されるべき時代、あるいは克服されるべき時代として、近代日本の社会、教育、そして日本人の歴史意識のなかに定着していったわけです。さらに「鎖国」という言葉がまだ現役で生き続けているということは、そのような近世の観方《みかた》が依然として根強いということを示していると私には思えるのです。

では、そういうマイナスイメージが定着する以前は、実態はいったいどうだったのでしょうか。それ以前の日本人は、近代以降の我々が考え——あるいは教えられ——てきたように、個性が圧迫され専制君主の封建制度のもとで呻吟しながら、それでも「開国」も志向せず辛苦の生活に耐え続けて三〇〇年近く我慢してきたのでしょうか。同じ人間として考えた場合、そんなことはありえないのではないかと私は思うのです——例えばこの間のおびただしい数の百姓一揆がそれを示しています——。

先に観たように、ケンペルが日本を理想的に描いたのは、そういう情報を日本人の誰かから得ていたからだと考えられます。ケンペルは日本語ができなかったし、二年間の日本滞在期間に江戸との間を二回往復しただけですから、日本情報の大半は、彼が接触した日本人から得ていたはずです。ですから、同時代の日本人が、ケンペルの本に書かれていたようなことを彼に伝えていたはずです。彼らは、自分たちがいかにいい時代に生きているかをケンペルに語った。それは日本国民全体の意見ではないかもしれませんが、そういう風に彼ら(ケンペルと日本人)に思わせるような時代であったことも確かです。同時代のヨーロッパと比べてもひけをとらないだけの、豊かさ、人々の人間性の正しさ、繁栄する社会と文化などが、その時代の日本にはあったのではないか……そういう風に謙虚に江戸時代の人々のことを考えてみることも必要ではないでしょうか。

私たちは、ともすれば時代は、あるいは歴史は、原始古代以来ずっと進歩し続けてきた、従って、近世よりは近代が、近代よりは現代がより良くなっていると単純に思いがちです。今よりは未来はもっと良くなっているはずだ、と。確かにそういう面もありますが、切りすてできたもの、忘れてしまったものも同じようにあったはずで、時代は単純に進歩するだけではなく、なかには衰えたり退歩するものもある、と考えることも必要ではないでしょうか。次回では、従来の「鎖国」観にとらわれることなく、近世日本が周辺の諸国や世界とどのような関係をとり結んでいたかを、概観することにします。

3　近世日本の国際関係の実態

一　近世日本の「四つの口」

「鎖国を見直す」第二回目の今回は、「近世国際関係の実態」ということで話を進めます。前回は「見直される鎖国」および「鎖国という言葉の経歴」についてお話ししましたが、「実態に戻ろう」と題した部分の途中で時間がきてしまいました。今回はその実態についてのお話が中心になります。*

＊　なお、このテーマについて解りやすく、図などをたくさん使って説明した図書『調べ学習日本の歴史6　鎖国の研究』(ポプラ社、二〇〇〇年)を紹介しておきます。私の監修で、中学校での日本史の授業の副読本としてつくったものですが、実際には大学で歴史を学び始める人たちくらいまでを対象にした内容になっています。機会があれば見ておいていただければ、と思います。

さて、前回は、今まで江戸時代の日本は「鎖国」だったと言われていたが、実態は違う、実際には周辺の国、特に東アジアの国々との関係を中心に世界に向けて開かれていた面があり、そういう実態を考えると「鎖国」という言葉はふさわしくないということ、にもかかわらずなぜ「鎖国」という言葉が使われることになったのかという、言葉の来歴についてお話ししました。

私は、「鎖国」という言葉を批判するだけではなく、江戸時代の国際関係の実態にふさわしい名称、というか呼び方を考えるべきだと提言し、それを、「海禁」と「華夷秩序」という言葉で表現しています。「鎖国」論から、「海禁・華夷秩序」論へということです。

なぜ私が、こういう提言をしているのか。前回お話ししたように、実態と言葉が合っていないからです。江戸時代の日本には海外に向けて開かれた「四つの口」がありました。従来は、いわゆる「鎖国」、すなわち近世の対外関係――私の表現では「国際関係」――に関しては、これらのうち長崎だけが注目される傾向が強かったと言わざるをえません。もちろん、朝鮮関係や琉球・蝦夷地(アイヌなど)との関係の研究もされていました。しかしそれぞれの研究は別々に行われており、朝鮮との関係は別として、琉球・蝦夷地との関係は、対外関係であるかどうかさえ明確ではありませんでした。従って、これら「四つの口」の全体を海外との窓口として捉え、相互の関係性について考えるということは、ほとんどなされていなかったのです。

なぜ長崎ばかりが注目されていたのか。それは、長崎が唯一ヨーロッパ、あるいは欧米との窓口であり、いわゆる蘭学や洋学がここから始まったからです。つまり、日本近代化のルーツの一つが、長崎でのオランダとの関係にあったと考えられたからです。やや極端な言い方をすれば、他の三つの口は近代化とは関係がないと見なされたために、教科書に載るような、いわば歴史の本流(というものがあるとすれば、ですが)にはあまり関係のないエピソードの類とされたためだろうと、私は推測しています。しかし私の意見では、従来は研究がまださほど進んでいなかったためにその関係性が見えなかっただけで、他の三つの口も、日本の近代化と密接に、あるいは、構造的に関係していたのです。むしろ、日本の近代化についてより深く考えるためにも、これらの関係を見落としてはならないのです。今回は、私の提言している「海禁・華夷秩序」論の紹介とともに、そのあたりの話を主にさせていただこうと考えております。

さて、長崎にはオランダ人と中国人が定期的に訪れていましたが、そのほかにも、対馬では朝鮮との関係があり、薩摩を介して琉球との関係があり、さらに松前を通して蝦夷地・アイヌとの関係がありました。江戸時代を通じて、琉球(現在の沖縄県)も蝦夷地(現在の北海道)も「異国・異域」(いわゆる「外国」)と位置づけられ、実態としても外国扱いだったわけで、近代以降に日本に編入されたものです。

このように四つの窓口を通して国際関係があったという面と、一方で、従来からよく知られていたいわゆる日本人の海外渡航の禁止、開かれていたとはいえ窓口は四つしかなかったこと、キリスト教が非常に厳しく禁止され、同時に非常に厳重な沿岸警備体制がしかれていたという面もあるわけです。

一九六〇年代の終わり頃から、こういう実態と二つの側面があったこと、特に「四つの口」のことがだんだん注目されるようになり、研究も進んできたのですが、それを全体としてどう呼ぶのかということについては、従来のままでした。いわば開かれた面と閉じられた面を合わせて「鎖国」と呼んできたわけですね。今でも、基本的にそうであることは、前回お話しした通りです。比喩的に言えば、古い革袋に新しい酒も詰めこんだために、新・旧の酒が混ざってしまって、よくわからない味の酒になってしまっているといったところでしょうか。酒好きの人、あるいは酒の味にうるさい人にはどうにも理解できない状態です。私はそういう呼び方にはどうも無理があると考えて、「開かれた方の顔(第一の顔)」と「国際関係を厳しく制限する、もう一つの顔(第二の顔)」のそれぞれに、その特徴にふさわしい名前・呼び方を考える(つける)べきだろうと考えました。そして四つの窓口があったという面を、その関係がどのように編成されているかということもふくめて、「華夷秩序」と呼び、もう一つの、厳しく関係を制限している面を「海禁」と呼ぶのが適当ではないか、と提言しているわけです。次にその実態を紹介します。

二　長崎口――オランダ・中国との「通商の関係」

(1)出島と唐人屋敷

長崎は幕府の直轄都市で、江戸から派遣される中級の幕臣(旗本)が長崎奉行として駐在し、市政と外交・貿易関係を統轄していました。ここに中国人とオランダ人が定期的に来航していたのですが、中国人に対しては唐人屋敷という施設がつくられ、オランダ人に対しては出島といういわゆる居留地が設定され、彼らは長崎に来るとそれぞれ船を下りて、オランダ人の身柄は出島に、中国人の身柄は唐人屋敷に収容されました。船に積んできた荷物も、置き場所が決まっていました。オランダ人も中国人も、身の回りのわずかの荷物をのぞいて、彼らが持ってきた輸入品はすべて、それぞれオランダは出島の倉庫、中国の場合は唐人屋敷の近くの新地《しんち》蔵《ぐら》(これも、出島と同じ築島ですが)に収容されました。つまり、彼らの身柄と輸入品は別々の場所に置かれて、それぞれに幕府(長崎奉行所と町)の管理のもとに置かれたのです。

ここで、出島と唐人屋敷の、相違点と共通点について説明しておきます。まず共通点は、ともに長崎の町人か町の所有――町の資金で築造された――であって、中国人とオランダ人は借家人として居住している――その賃貸料は居住者(中国人・オランダ人)の負担――、ということです。出島は、ポルトガル人を隔離するための施設として、長崎の有力町人二五人の出資によって築造され、一六三六年(寛永一三)に完成したものです。その年からポルトガル人が住み、ポルトガル人の来航が禁止された後、一六四一年から、平戸から移転させられたオランダ人たちが住むことになります。出島築造のために出資した町人たちは出島には住まず、ポルトガル人やオランダ人に、出島とその建物を賃貸するという形態でした。一六七二年に出島が町に、出資者たちは出島町人となり、他の町と同様に乙名《おとな》(他の都市の町名主に当たる)が置かれました。そして、出島町の借家人であるオランダ人たちの管理責任は、出島乙名とオランダ通詞たちに負わされたのです。

唐人屋敷は一六八九年(元禄二)に完成し、その造営には長崎の町全体が当たり、資金は幕府からの借金でした（つまり、長崎の町の出資）。そして、オランダ人と同じく、中国人たちは、長崎滞在中は借家人として唐人屋敷に住み、彼らの管理は唐人屋敷乙名と唐通事《つうじ》たちの責任とされました。つまり、長崎での中国人・オランダ人との関係は、後で述べるように、民間レヴェルの関係とされたために、幕府は直接関与せずに、長崎という町を仲介として、間接的に支配するという体制になっていたのです。これが共通点です。

相違点は主に、設営の時期と理由にあります。出島は、キリスト教対策の一環として、ポルトガル人やオランダ人など、ヨーロッパ系の人たちを隔離するために設営されました。一方、唐人屋敷は、それよりも約半世紀も後に設営されています。言い換えれば、この半世紀の間は長崎に来航する中国人たちは、囲いこまれることもなく、長崎の町に住む、あるいは宿泊することを許されていたのでした。もちろん、野放しというわけではありませんでした。中国人たちは長崎に来航すると、滞在中の宿泊と貿易の仲介などの世話をする船宿《ふなやど》を選びます。当初は彼らと関係のある商人たちがそれを担当していたのですが、徐々に、長崎の町々がそれを請負うようになります（これが「宿町《やどまち》・付町《つきまち》」の制度です）。このように、来航する中国人たちの管理は船宿や町々の責任とされていたのです。しかし、一六八三年（天和三、康熙二二）には、台湾を拠点に長年清に対抗していた鄭《てい》氏が降伏して、中国における清王朝の覇権が確立しました。その翌年から、清政府は遷界令《せんかいれい》*(一六六一年—)を解いて、中国船が海外に出て貿易をすることを許可したために(これを展界令《てんかいれい》と呼ぶ場合もあります)、中国本土から貿易船が長崎に大挙して押し寄せてきたのでした。

＊ 遷界令というのは一種の大陸封鎖令で、台湾に拠った鄭氏と中国沿岸の住民との交流(貿易もふくむ)を遮断するために、沿岸住民をすべて海岸から何キロも内陸部に移住させるなどした政策のことです。中国史の研究者や中国の研究者のなかには「海禁」と呼ぶ人もいるのですが、私は、これは「海禁」の極端な例で、歴史的性格も違うと考え、当時の呼称の通りにしています。

長崎に来航する中国船数は、一六八三年に二七隻、八四年に二四隻(それ以前の半世紀は、ほぼ三〇隻から多い時で四〇隻を少し超える程度)だったのが、八五年九七隻、八六年一二〇隻、と増えていって、八八年には二七三隻にもなっているのです。それでたまりかねた幕府は、八八年には来航中国船数を七〇隻に制限するのですが、それでも、その後一〇年以上も一〇〇隻を超える中国船が来航しました。

これほど大挙して来られては、日本側も対応しきれません。貿易ができないまま、あるいは売れ残りの商品をかなり残したまま帰航する船もたくさん出てきて、それらの船は帰る途中で、ほぼ例外なく、長崎での貿易からあぶれた日本人と密貿易をするわけですね。この密貿易問題はこの後三〇年余りも尾を引き、有名な新井白石の正徳新例（一七一五年）と将軍吉宗の巧妙な対策によって、ようやく治まることになります。

少し説明が長くなりましたが、唐人屋敷が設営されたのが、一六八八年であることに注目してください。先に見たように、この年に来航中国船数が最大になり、幕府が来航数に制限を設けています。つまり、唐人屋敷もこの時期の中国人対策の一環で、これ以後彼らは長崎滞在中はこの施設に囲いこまれただけでなく、貿易の時期をすぎるとすべて本国に帰されることになったのです。

それ以前は、中国人たちは、オランダ人たちとは違って、長崎滞在中は市中に、つまり長崎市民たちに混じって居住することが許されており、しかも、貿易時期をすぎても帰国せず、越年する者たちも少なからずいたのです。中国人たちの待遇がオランダ人たちとは違っていたということについては、彼らが一般的にはキリスト教徒とは見なされていなかったこと（なかにはキリスト教徒もいて、摘発された例もある）の他に、オランダ人に対するのとは違う、ある種の親近感が日本側にあったからではないかと推測されます。というのは、彼らを唐人屋敷に囲いこむことを非道なこととする見方があったからです。例えば新井白石はそのように考えており、正徳新例の施行に当たり、中国人に対しては、もし彼らの素行が改まれば、以前のように市中に居住することを認めてもいいという内容をふくむ「教諭《きょうゆ》」(教え諭《おしさと》すための文書)を作っているのが、そのことを示唆しています。それにもかかわらず、彼らを唐人屋敷に囲いこまざるをえないほど密貿易が横行したことと、さらに、次に述べるように、彼らが辮髪《べんぱつ》をしているなど、それ以前の中国人とは違う風俗(夷俗)になったために、それ以前の親近感が払拭されたということも理由の一つとして挙げられるでしょう。

清政府が遷界令を施行するまでは、中国本土から日本に中国船が直接来航することは、原則としてありませんでした。それ以前に来航していたのは、ほとんどが台湾に拠って清に対する抵抗運動を続けている鄭氏の配下の人たちだったのです。鄭氏は明の遺臣たち、つまり漢民族の人たちなので、辮髪はしていませんでした。清が中国を支配するに当たって、自分たちの風俗である辮髪を漢民族たちに強制し、「髪をとどめるものは首をとどめない」(辮髪をしないものは斬首)という方針で臨んだことも、そのために漢民族の抵抗がいっそう激しくなったこともよく知られています。しかし、清の覇権が確立すると、その支配下の人々は皆辮髪になりました。遷界令後に長崎に来航した中国人たちは鄭氏の配下ではなく、ほとんどが中国本土から来た人たちで、従って、皆辮髪をしていたと考えられるのです。

『寛宝日記《かんぽうにっき》』という、寛永年間から宝永年間まで、つまり、一七世紀の前半から終わり頃までの間、長崎のある町の乙名が書いたとされている日記があるのですが、その日記も、この年の長崎が異様な緊迫感に包まれたことを伝えています。その緊張感は、来日した中国船のなかに、長崎貿易の実態を調べるために清朝の官僚が乗り組んだ官船(政府の船)が混じっていたということもありますが、何よりも、それ以前とは違って、辮髪という、当時の東アジアでは野蛮人とされていた女真《じょしん》(満州)族の風俗をした人々が大挙して押し寄せたということによるのではないでしょうか。幕府自身も、それ以前の、明に対するのとは違って、清は「夷」の国家と見なし、一切の関わりを持とうとはしなくなる――言い換えれば、オランダと同格の「通商」の関係にとどめた――のです。つまり、唐人屋敷の設定の原因には、このように、来航する中国人の変化と、その背後の明清交代という、東アジア全体を巻きこんだ大きな変動があったと推定されるのです。

以上、出島と唐人屋敷の共通点と相違点について述べました。おさらいをしておきましょう。共通点は、ともに貿易(通商)にかぎった民間レヴェルの関係であったことで、後に(一九世紀に入って)これを幕府は「通商」の関係と定式化することになります。相違点は、一言でまとめるのは難しいところもありますが、それぞれの関係のあり方が設定の時期などの違いに表れている、ということでしょうか。次には、同じ「通商」の関係のもとでの、両者の特徴(相違点)について整理しましょう。

(2)「通商」の意味

「通商」の関係ということは、関係が民間レヴェル(の貿易だけ)にとどめられるということで、政府は直接それに関与しないというタテマエです。これは何も、江戸時代にかぎったことではなく、現代でも、台湾(中華民国)との関係がそうですね。何らかの事情で国交(政府、あるいは、国家権力相互の関係)が結べないのにもかかわらず、民間レヴェルの社会・経済的な関係が密接で、断ちきることができない場合には、往々にしてこういう形態がとられます。中国(明・清)ではこれを「互市《ごし》」と呼んでいます。いわゆる外交や、国交のない通商や貿易と同じ意味です。

近世の中国と日本は、種々の歴史的経緯から、国と国との関係、つまり正式の国交が結べませんでした。国交というのは、原則的には、国家・政府同士の関係、あるいは将軍ないしは天皇と中国の皇帝との関係です。江戸時代の日本と中国はそのような国家権力間の関係が築けなかったのにもかかわらず、それぞれの国内経済にとって互いの貿易は欠くことのできないものになっていました(このことは、後で具体的に説明します)。そのために、現在で言えば、民間レヴェルの関係というタテマエにして、国交は結べ(ば)ないのにもかかわらず、貿易関係は維持するという便法をとったわけです。この関係は、先に触れた正徳新例後の日清両政府の、それぞれの対応のなかで、暗黙の了解として、あるいは阿吽《あうん》の呼吸で定着していきます。

従って、中国人たちは一介の商人・町人として日本にやって来る。だから、彼らとの関係に携わるのも長崎の商人たちでした。そのために、中国人の場合は、オランダのように代表が江戸まで行って将軍に御礼をするということはありません。唯一、八朔《はっさく》礼《れい》という慣例がありました。八朔とは八月一日のことで古くからの祝日です。徳川家康が秀吉によって国替えされて関東に移る際に、八月一日を期して関東に入ったということから、八朔というのは江戸時代を通じて非常に重要な祝日とされていました。この日に長崎の中国人の代表が長崎奉行所を訪れて、非公式なものですが、貿易を許可されているお礼という名目で、多くの献上品とともに奉行に御礼をする。そういう関係でした。

来日する中国船は通常「唐船《とうせん》」、中国人たちは「唐人《とうじん》」と、呼ばれていました。「唐」は、もともと中国を意味するとともに、「外国」という意味も持っていましたが、このことについてはここでは触れません。ここで述べておきたいのは、当時長崎に来航する「唐船」を、日本側は、出港地によって、「口船《くちぶね》」・「中奥船《なかおくぶね》」・「奥船《おくぶね》」に分けていたということです。「口船」は、江蘇・浙江、「中奥船」は、福建・広東・広西、「奥船」は、南方地域で、具体的には、広南《コウナン》・交趾《コウチ》(ヴェトナム)、柬埔寨《カンボジア》(カンボジア)、暹羅《シャム》・太泥《パタニ》・六崑《リゴール》・宋居勝《シンゴラ》(タイ)などの東南アジア地方を指しています。つまり、「唐船」は中国本土からだけでなく、東南アジアからも来航しており、それは、これらの中国系の貿易船がいわゆる「華僑」の交易ネットワークのなかを往来していたことを意味しています。

オランダの場合は、もう少し複雑な経緯をたどって、商人同士の「通商」の関係ということにされました。オランダと日本の関係が始まったのは、よく知られているように、一六〇〇年(慶長五)にオランダ船リーフデ号が豊後(今の九州大分県)に漂着したことに始まります。しかし両国の関係が本格的になるのは、一六〇九年に両国の間に取り結ばれた正式な国交に基づき、オランダ東インド会社が平戸に商館を置いてからです。従って両国の関係は、当初は、正式な国交を含むもの(いわゆる「通信」の関係)でした。

しかし、一六二八年(寛永五)の台湾事件をきっかけにオランダとの関係が中断し、三二年に関係を修復する過程で、幕府は、来日オランダ人の性格を詳しく検討した結果、彼らを「商人」同然の存在と位置づけ、かつそれ以前からの彼らの幕府への貢献に鑑み、ただ貿易のみを許すことにしたのでした。その判断材料は、当時のオランダに国王がいなかったことと、来日していたのは、オランダ連邦議会から特許を与えられた株式会社組織のオランダ東インド会社の船と社員であり、平戸の商館はその支店の一つだったという事実に基づく処置、つまり、オランダの都市民たち、当時の日本における「町人」や「商人」に等しい人々によって作られ運営されている組織に所属するものだ、ということでした。これ以後、来日オランダ人は、徳川将軍の「歴代《れきだい》の御被官《ごひかん》」(歴代将軍の従僕)というタテマエのもとで、将軍に対する種々の貢献を求められつつ、日本との貿易に携わることになります。もちろん、オランダ人も誇り高い人たちですから、日本でのこのような位置づけを自ら認めていたわけではありませんが、そのような待遇に甘んじても貿易を続けたくなるほど、当時の日本貿易は大きな利益を会社にもたらしたのでした。一六四九年の決算によれば、日本商館の純益は、喜望峰から東の、いわゆる東インド地域の商館のなかでは、二位以下を大きく引き離して一位で、他の多くの商館の欠損を日本商館だけで補うほどだったことが知られています。

＊ オランダは現在は王制をとっていますが、それは一八一四年の、フランスからの独立戦

争以後のことで、それ以前は、連邦共和制でした。連邦共和国が成立したのは一五八八年のことで、一五六八年に始まるスペインに対する独立戦争の過程においてでした。オランダの独立が最終的に(ヨーロッパで国際的に)認められるのは、一六四八年のウエストファリア条約においてであり、独立のための戦争は八〇年間も続いたのでした(八十年戦争)。つまり、オランダはヨーロッパで独立戦争を戦いながら東アジアに進出していたわけで、彼らにとっては、アジアでの貿易活動も独立戦争の一環でもあったのです——当時のオランダは、スペイン・ポルトガル船を襲撃、略奪するために日本でも「海賊」同様と見られていました——。

こうして、オランダの場合《ケース》も、中国の場合《ケース》と同様に、国家権力同士の正式の関係がない、貿易だけの関係、商人同士だけの関係に限定されたわけです。商館長は毎年日本に来て、貿易を許可してもらうということについて徳川将軍に感謝するために、毎年江戸に参府し将軍に謁見して御礼をする。これは、オランダ商館長の江戸参府と呼ばれていました。参府の費用は、次にお話しする、朝鮮・琉球の国王の使節が来日する場合とは違って、すべて、オランダ側が負担することになっていました。その他、将軍や将軍の家族、幕閣などへの手土産(献上品)も欠かせなかったので、合わせると相当の出費になり、それが商館の経営にとっての悩みの種——あるいは重荷——の一つでした。

三　対馬口――朝鮮との「通信」の関係

(1)「通信」の実態

長崎が、中国船やオランダ船など、シナ海域から東南アジアにかけての地域との関係をカヴァーしていたのに対して、対馬の場合は、朝鮮との関係でした。朝鮮と、次にお話しする薩摩を通しての琉球とも、江戸時代を通じて日本は正式の国交を維持しており、幕府はこれを「通信」の関係と定式化することになります。「通信」というのは、互いによしみを通じるというくらいの意味ですが、ここでは、国王(徳川将軍と朝鮮国王)同士が互いによしみを通じるという関係のもとで、互いの政府、さらには民間レヴェルでも貿易などの関係を保《も》つということを意味しています。

朝鮮と日本は、古代に新羅との関係が途絶えて以来国交がありませんでしたが、一五世紀初め足利義満の時代に、正式の国交を開きました。南北朝を統合して日本の統一を果たした義満が、「日本国王」として、中国皇帝(永楽帝)の冊封《さくほう》*を受けますが、ちょうどその頃に、李成桂《イソンゲ》という、高麗のなかの有力な武将が、禅譲という形で高麗の王権を譲り受けて李王朝を開き、国号を朝鮮としました。そして、若干の紆余曲折の後に、中国皇帝から「朝鮮国王」として冊封されます。中国皇帝から「国王」として冊封されることで、初めて中国を中心とする東アジアの国際社会にデヴューできるわけで、ほぼ同じ時期にデヴューした日本と朝鮮の「国王」同士が、正式の国交を開いたのでした。ともに中国皇帝から「国王」と認定されたわけで、これ以後、両国は、表向きは対等平等な「交隣《こうりん》」の関係として認識されることになります。

＊「冊封」というのは、中国皇帝が、服属して来た周辺地域の国王や首長を、例えば「日本国王」と認定して、中国的な官位・官服、国王の印・中国暦などを与えることです。冊封された「国王」は擬制的に中国王朝の官職を与えられて、その藩屏《はんぺい》(藩属国)として種々の義務を負い、一方中国は宗主国として藩属国が危険にさらされた時に救援するなどの道義的責任を負うことにもなり、それは中国を中心とした安全保障のシステムだったと観《み》ることができます。なお、これにともなう朝貢貿易などについては、次の琉球の項で説明します。

しかし、それはいわばタテマエであって、国内的には、かなりの問題をはらんでいました。まず、日本国内で「国王」と言えば、ほぼまちがいなく天皇を指すわけで、義満が「日本国王」として中国・朝鮮と国交を開いたこと自体に、国内では根強い反発がありました。義満の跡を継いだ息子の義持が、義満の死後すぐに明との関係断絶にふみきったのも、そのような不満を背景にしてのことでしょう。また、朝鮮半島の国家を対等の相手とすることにも、抵抗があったようで、これはかつて律令制のもとで新羅が朝貢国と位置づけられていたこととも、関係があります。このような問題があるために、日本側は「交隣」のタテマエのもとで、その枠を逸脱するような姿勢をとり続けます。例えば、国王同士がやりとりする書簡を「国書」と呼びますが、その自称は、本来は「日本国王源誰々」と書くべきなのですが、時に応じて「王」を入れたり、入れなかったりしているのです。朝鮮側は、一貫して「朝鮮国王」と自称し、相手を「日本国王」と呼ぶことがほとんどなので、相手にしてみればかなり無礼なことだと言わざるをえません。

この問題は、実は、近世初頭まで持ち越されます。朝鮮との関係は、時折倭寇《わこう》問題や三浦《さんぽ》の乱(一五一〇年)などで中断しながら、その度《たび》に再開されて、戦国時代の末期まで続き、豊臣秀吉の朝鮮侵略(一五九二〜九八年)を迎えます。この戦争後、対馬の宗氏などの努力によって講和が成立し、ほぼそれ以前に近い形の国交が回復されます。講和の際に、日本側と朝鮮側では、戦争の評価や相互認識にかなりのくい違いがあったのですが、それが是正されないままで、「国王」相互の国書のやりとりを軸とする国交が再開されたのです。

そのくい違いは「国書」の内容に端的に現れますし、その上に、あらたな国交の当事者である徳川将軍は日本の「国王」であるのか否か、という厄介な問題も加わってきます。後で触れるように、日本と朝鮮の関係を仲介したのは、中世以来の伝統と「通信・通商」(外交・貿易)の技量を持つ対馬の宗氏でした。宗氏は、それらの問題を表面化させずに双方(日本・朝鮮)の面子《めんつ》を立てながら、講和を成立させ、関係を維持しようとします。朝鮮関係の仲介が同氏(同藩)の存続理由であり、その貿易が財政基盤だからです。しかしそのことが、一六三一年(寛永八)に、重臣の柳川氏との間で起きたお家騒動(柳川一件)によって表面化し、「国書」の改竄《かいざん》など、さまざまな不正が明らかになりました。幕府はこの事件を、宗氏を温存し、柳川氏一党を処断することで解決し、徳川将軍の国際的称号を「日本国大君」とし、「国書」改竄などを防ぐために、京都五山から碩学《せきがく》という地位の高僧を対馬府中(現在の厳原《いづはら》)の以酊庵《いていあん》に輪番で常駐させるなどの改革を行い、これによって近世日朝関係の体制を整えたのでした。

一六三六年には、その改革後初めての「通信使」が来日します。徳川政権になってからそれまでに、すでに三回朝鮮国王の使節が来日しており(表2参照)、日本側はそれを「通信使」と考えていたのですが、朝鮮側の名目は、徳川将軍から送られた「国書」に対する回答と、前の戦争の際に大量に拉致された朝鮮被虜人たちを連れ戻す

（これを朝鮮側は「刷還《さっかん》」と呼びます）ための使節ということで、「回答兼刷還使」としていたのです。なお、近世を通じて朝鮮からの国王使節は、全部で一二回来日していますが、それについては、「**表2 朝鮮国王使の来日**」を掲げておきましたので、これを見ながら簡単に説明しておきます。

見られるように、通信使は四〇〇～五〇〇人くらいの編成でソウルと江戸の間を往復します。釜山から船で対馬に来て、玄界灘を渡って藍島に泊まり、そこから瀬戸内海に入り大坂の天保山に至ります。大坂で船に留まる人もいますが、残りの人々は淀川を遡《そ》行《こう》して京都に至り、（「朝鮮人街道」と呼ばれる、特別に設定された琵琶湖沿いの美しい街道があるのですが、それを経て）東海道を上って陸路を江戸まで行っていました。通信使一行は、国王の「国書」を江戸城までもたらし、その交換に受け取った徳川将軍の返書を携えて同じ道をソウルまで帰ったのです。しかし、日本から将軍の使節がソウルまで行くことはありませんでした。秀吉の侵略戦争以後警戒心を強めた朝鮮側は、日本人が釜山より内陸に行くことを許さなかったからです。

なお、先に、オランダ商館長の江戸参府のところで述べたように、釜山を出てから再び釜山に戻るまでの通信使一行の、宿泊・休憩・食事・警護・旅費（船・馬・人足等）などの諸経費は、すべて日本側の負担でした。沿道の諸大名の饗応《きょうおう》ぶりなどもふくめて、まさに、幕藩領主層の総力を挙げて——あるいは面子をかけて——と言ってもよいほどの饗応ぶりでした。最後の通信使が、一八一一年(文化八)に、江戸ではなくて対馬で行礼が行われた(これを「易地《えきち》聘礼《へいれい》」と呼びます)理由の一つは、経費削減でした。

の来日

将軍	行礼場所	備　　考
秀忠	江戸	回答兼刷還使
秀忠	伏見	回答兼刷還使
家光	江戸	回答兼刷還使
家光	江戸	通信使・「日本国大君」・日光参詣
家光	江戸	日光参詣
家綱	江戸	日光参詣
綱吉	江戸	日光参詣廃止
家宣	江戸	白石の改革・「日本国王」
吉宗	江戸	天和の制に復す
家重	江戸	
家治	江戸	
家斉	対馬	易地聘礼

303頁所収の一覧表をもとに,「通航一覧」等により,

なお、もう一種類、「訳官《やくかん》」と呼ばれる、朝鮮から対馬に来る使節団がありました。「訳官」というのは、通訳官のことです。外交上の大きな問題が起きたりして倭館での交渉だけですまない時には、訳官が対馬までやって来て、長い時間をかけて交渉したのです。人数は九〇人くらい、長い場合には一〇〇日くらい滞在しましたから、応対にあたる対馬藩側も大変だったでしょう。通信使は、前後一二回で、一八一一年(文化八)

表2 朝鮮国王使

通信使回数	行礼年月日	通信使の使命	一行総人数（大坂在留人数）
1	慶長 12(1607). 5. 6	修　好	467
2	元和 3(1617). 8. 26	大坂平定・日本統合	428(78)
3	寛永 元(1624). 12. 19	家光の襲職	300
4	寛永 13(1636). 12. 13	泰　平	475
5	寛永 20(1643). 7. 18	家綱の誕生	462
6	明暦 元(1655). 10. 8	家綱の襲職	488(103)
7	天和 2(1682). 8. 27	綱吉の襲職	475(112)
8	正徳 元(1711). 11. 1	家宣の襲職	500(129)
9	享保 4(1719). 10. 1	吉宗の襲職	475(109)
10	寛延 元(1748). 6. 1	家重の襲職	475(83)
11	明和 元(1764). 2. 27	家治の襲職	472(106)
12	文化 8(1811). 5. 22	家斉の襲職	336

注）本表は中村栄孝『日鮮関係史の研究』下（吉川弘文館，1969年）302～
若干手を加えた．＊荒野・1988による．

で終わりましたが、訳官はその後もしばしばやって来ていますが、その応接にも同藩は苦労したようです。

(2)日朝関係と対馬宗氏

国交は、相互に使節が往来するのが本来の姿で、中世においては、朝鮮から使節が来日する一方で、日本からも国王の使節が朝鮮に渡航していました。と言うより、中世においては、日本国王使の他、大内氏などの大大名から一介の商人まで、さまざまな階層の日本人が、主に貿易の目的で渡航していたのです。高麗は、もともとは日本人の渡航を認めていませんでしたが、一四世紀半ばに倭寇が日本から中国にかけての海域に登場し、猛威を振うなかで高麗は倒壊しました。それに代わった朝鮮王朝は、倭寇対策として、平和な通交を望む日本人には貿易を許し、また移住を望む者には帰化を許したので、さまざまな日本人が朝鮮に渡るようになります。渡航した日本人を接待し、宿泊等の世話をし、かつ管理するために朝鮮側が設営したのが、倭館《わかん》です。そして、渡航した日本人を統制するために、朝鮮政府は種々の対策を打ち出します。

まず、日本人が渡航する港(浦所《ほしょ》)を三つ(三浦《さんぽ》)に限定し、ここに日本人が居住することも許可しました。しかし、一五一〇年に三浦の日本人たちが対馬の島民と連携して、朝鮮政府に対し反乱を起こした後は、浦所を釜山一港に制限しました。さらに、秀吉の侵略戦争以後は、日本人が足を内陸部に踏みいれることも禁止しました。こうして、日本から朝鮮へ渡航できるのは釜山のみとなり、渡航した日本人は――長崎の出島や唐人屋敷のように――釜山倭館に滞在させられる(閉じこめられる)ことになったのです。

次の統制策は、朝鮮に渡航する日本船は、すべて、国王(足利将軍)や大内氏以下の日本人から朝鮮国王へ派遣される使節船の形態をとることを義務づけることでした。従って、朝鮮に渡航する日本船は、内実は貿易船でありながら、すべて本人、あるいはその使者であることを証明するために、国王宛ての外交文書(書契《しょけい》)を持参することが義務づけられました。「書契」には、朝鮮国王がその日本人に支給した銅印(図書《としょ》)を捺《お》すことになっていました。さらに、朝鮮側はその日本人毎に年間の使節船(歳遣《さいけん》船《せん》)の派遣数を設定していました。

そして、これらの規定を日本側に守らせる朝鮮側の代理人としての役割を課せられたのが、「対馬島主」(これは朝鮮側の呼び方)宗氏でした。そのために宗氏は朝鮮から優遇され、例えば歳遣船数は、他の多い者でも数隻のところ、宗氏は五〇隻(後に減らされて二五隻)という具合でしたし、朝鮮に渡航する日本船のうち国王使船以外はすべて、対馬に立ち寄り、宗氏のチェックを受けた上で渡航証明書(文引《ぶんいん》)の発行を受けることも義務づけられていました。宗氏は、朝鮮から与えられたこれらの特権を梃《て》子《こ》に、戦国時代の末までには、日本人の朝鮮渡航の権利をほとんど掌握していたのです。

徳川政権は、日朝講和を成功させた功績により、宗氏が朝鮮通交権を独占することを認めたので、対馬から釜山に渡海した日本人(宗氏の家臣と特権商人、および、通事・僧侶・船頭・水夫・人夫等々)が倭館に入り、そこで種々の外交案件をあつかい、貿易業務を行なったのです。釜山倭館には、常時、五〇〇人から一〇〇〇人ほどが駐在していました。近世においても、簡略化はされたものの、対馬から朝鮮に渡る船は、連絡用の飛船《ひせん》(快速の小船)などは除いて、漂流民の送還のために仕立てられる臨時の船まで、使節船――換言すれば朝貢船――の形態をとっており、それが幕末以後問題とされるのです。

四　薩摩・琉球口――琉球王国との「通信」の関係

(1)琉球の大航海時代――一五・一六世紀の琉球と東アジア

中世は琉球にとってもっとも華々しい時代で、なかでも一五世紀から一六世紀にかけてが最盛期です。当時、中国の明王朝は「海禁」という制度をとっていました。海禁というのは、明の法律を集成した『大明会典』の「関津《かんしん》」(陸海の交通に関する規制)の項目に出てくる「下海通蕃之禁《かかいつうばんのきん》」という熟語を縮めたものです。これは、一般人が海外に出たり外国人と自由に交際したりすることを禁止する制度で、一般に、いわゆる倭寇対策と考えられています。しかし、海禁は倭寇対策でもありましたが、より一般的には、外国の勢力と中国内の不穏分子が連携して、秩序を乱し支配を危うくすることを防ぐことをも目的とした政策でもあります。明の治世の初め頃には実際にそれらしい陰謀事件(胡惟庸《こいよう》の獄、一三八〇年)が発覚し、この事件をきっかけに明政府は海禁政策をとり、倭寇が盛んになるにつれて、それを強化していったのです。倭寇というと、中国や朝鮮の沿岸を荒らしまわった日本人の海賊というイメージが強いのですが、彼らの活動も沿岸の住民との連携があって初めて、組織的かつ計画的で、大規模なものになったのです。外国人と国内の住民(国民)との連携を断つことが、倭寇対策としても有効であった所以《ゆえん》が、ここにあります。

明は、周辺諸国の王や首長を「国王」などに冊封して藩屏《はんぺい》とし、自らを中心とした国際秩序を構築し(冊封については、先に説明しました)、冊封した国王にのみ朝貢貿易を許しました。朝貢貿易というのは、周辺の国王が自ら赴《おもむ》き、あるいは、使者を仕立てて、中国皇帝に貢物を捧げること(朝貢)を中心に展開される、当時の国家間の公式な貿易のことです。この貿易には、以下の三種類があります。まず、周辺の国王が中国の皇帝に貢物を捧げ、これに対して中国の皇帝は返礼の品物を渡すというもので、貢物を捧げるのが朝貢、それに対するお礼が回賜《かいし》です(朝貢―回賜)。次が、政府同士が行う公貿易です。朝貢使節や朝貢船は政府が仕立てますが、朝貢をする側とそれを受け入れる側(=中国)との間の政府同士の貿易というのがあって、これが公貿易と呼ばれます。これはおおむね品目と数量が、互いのとりきめによって公定されている場合が多いようです。さらに、朝貢使節に同行した特権商人が中国側の特権商人と、政府の監視のもとで自由な貿易をするという類型《カテゴリー》があります。これを私《し》貿易と呼び、普通品目にも数量にも規定がなく自由なので、公貿易と比べて、その時々の需給関係が比較的直《じか》に反映されると言えます。中国の言葉にすれば「互市《ごし》」の関係に当たります。

つまり朝貢貿易には、国王(皇帝)同士の関係である朝貢—回賜の関係と、政府同士の公貿易、さらに特権商人同士の私貿易、という三つの類型があったわけです。公貿易は政府同士のやり取りですから、取り引きする品物も額も概《おおむね》決まっています。これに対して私貿易の方は品目も額も自由ですから、その時期その時期の国際的分業のあり方によって、内容も品目も数量も変わってくるという性格を持っています。

私貿易というと密貿易とまちがわれやすいのですが、そうではありません。既に見た、長崎での中国・オランダとの貿易は、東アジアの国際関係のカテゴリーでは私貿易に当たります。つまり、朝貢貿易のうち、国王と政府の外交関係が何らかの理由で回避されて、政府公認の特権商人による貿易だけ——いわゆる「通商」の関係——が営まれていたのが、長崎での貿易だったと言えば、そのあたりの関係がよく解っていただけるのではないでしょうか。そして、先に述べた海禁政策は、朝貢貿易を、さらにはそれによって構成されている明を中心とした国際秩序を保障する機能をも果たすことになったということも、ここで付け加えておきます。

さて、このように明(一三六八～一六四四年)の時代の中国は、海禁政策をとり、関係を朝貢貿易だけに限定していました。明の前は元《げん》(一二七一～一三六八年)、元の前は宋《そう》(九六〇～一二七九年)です。宋の時代あたりから、中国の特に江南地区、つまり揚子江の南の地域は産業・農業の発展が著しくて、それに刺激されて貿易が非常に盛んになりました。元の時代には、政府自体が熱心に通商を奨励しましたから、ますます貿易は盛んになって行きました。そして中国商人たちはどんどん東南アジアなど海外に出て行って、各地に海外拠点をつくり、本国(中国)と貿易をするようになっていったのです。こうして東南アジア各地には中国人の居留地が沢山できたわけですが、これらが現在の東南アジアの各地で、特に経済面で大きな影響力を持ち、しばしば政治的な問題にもなる華人、いわゆる華僑社会の萌芽的な形態です。

ところが明の時代になると――元というのはモンゴル民族の国でしたが――、明は漢民族の国家ですから、彼らの伝統的な価値観にのっとった国際秩序を構築しようとしました。彼らの価値観は、自分たちが文化の中心であって、周りはすべて文化的に劣った国であるという発想に基づいています。こういう考え方を「華夷主義」とか

「華夷意識」などと呼びますが、中国の場合が「中華意識」、つまり中国が文化の中心であるという意識で、そのような文化意識、あるいは国家意識の典型的なものと見なされていますが、実は地球上すべての民族が、多かれ少なかれ同じような意識を持っており漢民族(中国人)独特のものではない、と私は考えています。先に述べた、冊封と朝貢関係に基づく、明皇帝を頂点とする国際秩序は、漢民族の中華意識を現実の国際関係に具現化させようとしたものだと言ってよいでしょう。それはあたかも周りの文化的に劣った国々が中国皇帝の徳を慕って使節を送ってくるという形に見えますから、いわば中華意識をそのまま可視化したような国際関係になるわけですね。

そして明政府は、先に述べたように、朝貢貿易政策を補完する海禁政策をとって、一般の人々が国際関係に関わることを禁止しました。しかしこの政策は、ちょうど徳川幕府がそうしたように、海外で活躍していた華人たちが帰国することも禁じましたから、彼らが従事してきた東南アジアと中国本土との貿易という、それまでの活動の基盤を奪うことになりました。その後に海外の華人たちが生き延びるためにとった道は、二つありました。一つは密貿易ですが、これについては後で触れることにします。

もう一つは、東南アジアのみでなく、日本や琉球などをふくむ、周辺諸地域の王や首長からの朝貢使節に直接、間接に参加することでした。中国に朝貢使節を送るためには、中国語や中国式の儀礼などに習熟していなければなりませんが、それらの知識や技能、あるいは、朝貢使節を派遣するという発想そのものを提供したのが、現地の華人たちでした。明王朝の呼びかけに応じて周辺諸国から数多くの朝貢使節が派遣されるようになりますが、それらには、自ら使節になるなど、おおむね彼らの関与が見られると言われています。日本からの遣明船も例外ではありません。琉球が明に朝貢使節を派遣し始めるのが一四世紀の終わり頃からですが、それに深く関わったのも、後に「閩《びん》人三十六姓」と呼ばれるようになる、福建出身の華人たちでした。これらの事例から、明王朝初期に皇帝を頂点として盛んに繰り広げられた、東アジアから東南アジアにかけての地域の王や首長たちとの壮大な朝貢貿易関係は、海外の華人たちによって担われていた、ということがわかります。言い換えれば、明の朝貢貿易体制の理念は、それ以前に華人たちによって築かれていた貿易ネットワークに依存することによって、初めて現実のものになったのでした。

海外で活躍する華人たちが作っていた民間レヴェルのネットワークと、朝貢貿易に典型的に見られる国家権力によって構成されるネットワークとの間には、国家が成立して以来、鋭い対立関係がありました。国家は、常に国際関係を独占するか、統制下に置こうとするからです。それは現代においても変わらない、国際関係をめぐる国家と私たち一般人(国民)との対抗関係、つまり、なかなか折り合いのつかない矛盾です。現代においてその関係を端的に示しているのが、出入国の際のパスポートチェックだとすると、今取り上げている中世や近世という時代においては、それは、海禁という政策だと私は考えています。しかし、国家権力が国際関係を独占しつつも、国民たちの国際関係にまつわる種々の要求をそれなりに満たしているかぎりにおいて、矛盾はさほど表面化はしません。明を中心とした朝貢貿易関係がそれなりに機能していた、一四世紀の末から一五世紀にかけての時期は、まさにそのような状態だったと言ってよいでしょう。

それを象徴するのが琉球の活躍です。琉球は一五世紀初めくらいには「琉球」と称し、統一を果たしています。その後、明の冊封を受けてその朝貢国になります。最近もその地政学的な位置を生かして、沖縄を、東アジア、あるいはシナ海地域の政治経済、あるいは情報などのセンターにしようという構想があるようですが、それがかなりの程度現実のものになっていたのが、実はこの時期だったのです。琉球は明の貿易商社のような立場に立つんですね。明に朝貢貿易を行い、中国から品物を持ち帰ってそれを東南アジア各地から東アジアの日本や朝鮮などに、売りさばいたわけです。そして現地で中国の市場が必要としている、東南アジア産の胡椒とかさまざまな品物を買って、それを中国に持って行く。形式的には中国に対する朝貢貿易でしたが、実際には中継《なかつ》ぎ貿易という内実でした。つまり、中国と東アジア(日本、朝鮮)、さらに東南アジアから南アジアにかけての貿易を中継ぎしたわけです。まったく今の貿易商社のような役割を果たしていた、と言ってよいでしょう。

中国側の記録によって、琉球が明の時代に中国に朝貢使節を送った回数が大体わかっています。アジアのなかで、朝貢の回数が一八〇余と飛びぬけて多いのが琉球です。二番目のヴェトナムが七一回です。これほど多い理由は、琉球が他の朝貢国とは違う性格を持っていたからで、それが中継ぎ貿易でした。琉球船が東南アジアから東アジアにかけて活躍したのが、先に言ったように、一五世紀から一六世紀にかけてで、これを琉球の大航海時代と言う人もいます。この時代に琉球は、統一国家を形成し、国家の制度を整備しました。現在、那覇に首里の王宮が復元されていますが、さほど大きくはない島であれほどの王宮をつくれるだけの富が琉球に集まったのでした。

(2)「倭寇的状況」と琉球王国の衰退

しかし、一六世紀に入ると状況が大きく変わってきます。この時期になると、明に朝貢する国は、朝鮮・琉球・日本・ヴェトナムなど、ごくわずかになっていました。

特に、東南アジア諸国の脱落が目立ちます。その一方で、中国沿岸では密貿易が盛んに行われるようになっていました。中国を中心とする朝貢貿易体制が弛緩して、つまり、国家間ネットワーク――国家連合による集団安全保障体制――が機能しなくなって、代わりに民間レヴェルのネットワークが歴史の表舞台に出て来たのです。それを象徴するのが倭寇と呼ばれた人たちの活動です。これ以後東アジア全体が大きな変動に巻きこまれて、旧体制が崩壊し、代わりに新しい秩序の担い手たちが登場して、新しい国際秩序が再構築されて行きます。この過程は、ほぼ一世紀半続くのですが、私は、この状況を総体として「倭寇的状況」と呼んでいます。

「倭寇的状況」という言葉は私の造語です。この言葉の狙いは、日本で言えば戦国時代に当たる一六世紀の国際関係についての従来のイメージを刷新することにありました。これまで述べて来たように、「鎖国」という見方が見直されるべきものだとすると、それ以前の時期についても、見直しを迫られざるをえないからです。「鎖国」という言葉も、他の言葉と同様に、それに応じた文脈、考えから、ものの見方などをふくんで成り立っているからです。これを今風の言葉で言えば、「言説」ということになるでしょうか。

「鎖国」についての従来の言説の一つは、こういうものでした。

いわゆる「鎖国」以前には、盛んな南蛮(ポルトガル・イスパニア)貿易があった。南蛮貿易は続いていれば、貿易だけではなく、ヨーロッパの文化・思想・宗教など、つまり、近代ヨーロッパ的な価値観(自由・博愛・平等など)ももたらして、日本の近代化を準備する可能性を孕《はら》んでいた。それと同時に、遣明船が途絶して孤立した日本が中国をはじめとする「世界」と繋がる唯一のよりどころでもあった。そのような可能性を潰してしまったのが、いわゆる「鎖国」であった。

このような見方は、近代化に何を見るか、あるいは、期待するかの如何《いかん》にかかわらず、それを阻害した要因と見なす点においては、奇妙な一致を見せるのです。例えば、徳富蘇峰は、富国強兵、その手段の一つとしての植民地獲得に遅れたことを嘆き、他方で、和辻哲郎は、近代日本人において近代的(＝ヨーロッパ的)自我が未確立であることを指弾しますが、その原因は、いずれも「鎖国」にあるとするのです。

そのような見方の特徴は、ヨーロッパとの関係だけに歴史的意味を見出し、それ以外の、東アジア諸国・諸民族との関係については、ほとんど配慮しないというところにあります。しかし、現在から東アジアとの関係を見れば、近世の日本が「鎖国」などしていないことは、明らかです。ところが、東アジアとの関係を重視した場合にも、一六世紀においては、少なくとも、国家間の貿易関係――私の言葉で言えば「国家間ネットワーク」――を見るかぎりでは、遣明船(対中国関係)のみでなく、朝鮮関係も、琉球関係も衰退しており、確かに、ポルトガルの南蛮貿易だけが健在であるかのように見えていたのです。しかし、よく見ると、倭寇の活動は、南蛮貿易以上に活発でした。南蛮貿易がめだって見える理由の一つは、明らかに、彼ら(ポルトガル人、なかんずく、イエズス会の宣教師たち)が、大量に書簡や記録を残しているからに他なりません。

それに対して倭寇たちは、ほとんど記録を残しておりません。しかし、記録がないから彼らの活動が低調だったとは、言えません。例えば、彼らが寄港するようになった九州の各地には、彼らの居住地である「唐人町」が簇生《そうせい》し、近世はおろか、現在まで各地にその町名が残っているほどです。それは文字の記録を残さなかった彼らの活動の跡を雄弁に物語る、もう一つの記録なのです。さらに、これらの民間レヴェルのネットワークを通じて、江戸時代を形づくるさまざまなものが日本にもたらされていることも忘れてはなりません。キリスト教・鉄砲をはじめ、朱子学・木綿・三味線・コンペイ糖・花火・漆喰・芝居等々、思想・宗教から種々の生活文化まで、非常に多様なものがこの時期に入って来ており、それらのなかではヨーロッパ人たちによってもたらされたものは、アジア地域からのものほどは多くはないのです。

さらに、ポルトガル人たちも、後に触れるように、むしろ倭寇と同じカテゴリーの存在として、倭寇の活動に導かれながら、この海域に登場したということも付け加えておく必要があります。つまり、ヨーロッパ人たちも、無人の荒海を独力で乗り切って北上したのではなく、著名なフランシスコ・ザヴィエルもそうであったように、倭寇たちのネットワークをたどって、あるいは彼らの船に便乗して、日本までやって来たのです。後の時代から見ればヨーロッパ人の事跡が際立って見えますが——その理由の一つは彼らが多くの記録を残しているからです——、それも倭寇の活動とその基盤になった、東南アジアから東アジアにかけて展開していた華人ネットワークを抜きにしては、現実のものにならなかったのです。

私が「倭寇的状況」と呼ぶ大変動は、このネットワークに、二つの要素が加わることで生じたと考えられます。一つは、日本の銀生産の発展、もう一つは、先に言ったことと矛盾するようですが、ヨーロッパ人の登場です。彼らの登場によって、中南米産の銀も、この地域に流入することになります。そのことによって、この地域の人・もの・情報の流れは急速に増大し、加速して、旧体制を崩壊させて行きます。そして、その変動のなかから、その状況の成果を我が物にしながら新しい勢力——例えば日本の統一権力や中国の清など——が成長してきて、次の時代の方向性を模索することになるのです。それによって新秩序が形成され、東アジア全域に秩序と平和がもたらされるのは、一七世紀も後半のことになります。

つまり、「倭寇的状況」という観点からすると、ヨーロッパ勢力は、重要ではあるが当時この海域で活躍した諸勢力のうちの一つとして相対化され、東アジアの人々の歴史的力量を正当に評価することができる、というのがこの言葉にこめた私の思いなのです。ただ、問題なのはこの言葉の「倭寇」という表現が、中国や韓国では、倭寇の被害者という意識が根強いために、なかなか受け入れられないということです。私としては、あえて「倭寇」という言葉を使うことで、民間レヴェルのネットワークのチャンピオンである彼らが、彼らの出身地の住民である民間人にもっともひどい被害を与えるという、歴史のねじれ現象までもふくみこみたいところなのですが。

さて、倭寇というのは、武装して、中国や朝鮮の沿岸を繰り返し襲って、米や財物・人を奪い、家を焼き、人を殺し、女性を暴行するなど、猛威を振ったとされてきた集団です。集団の規模も数十人から数千人まで、さまざまだったようです。倭寇は一四世紀半ばに登場し、豊臣秀吉が海賊停止令《ちょうじれい》(一五八八年)を出した一六世紀終わり頃まで、二世紀余り続きます。倭寇が盛んだった時期に、前期と後期の二つあります。前期が一四世紀半ばから一世紀ほどの間で、特に朝鮮半島に被害が大きく、後期が一六世紀で、主に中国沿岸で猛威を振いました。「倭寇」と呼ばれたように、彼らの主体は、伝統的に、「倭」、つまり日本人と考えられ、特に前期はそうだとされてきました。しかし、実際には日本人だけでなく、前期においても、朝鮮(高麗)人も混じったりしており、特に後期の倭寇は、八〇〜九〇パーセントが中国人だったと言われています。にもかかわらず「倭寇」と呼ばれてきたところに、「倭」＝日本という、東アジアの国際社会における日本の位置を見る思いがします。

それはさて措《お》き、倭寇については、かつては海賊行為・暴力行為・略奪行為等が強調されがちだったのですが、最近では、彼らが、私的な貿易、先に述べた私貿易ではなく、いわゆる密貿易という形での、国家権力を介さない、庶民レヴェル＝民間レヴェルの貿易の担い手であったということが明らかにされてきました。そしてこの集団が、民族や国家を超えた人々のつながり＝連携によって構成されていることや、独自の風俗や言葉などを持っていたことなどが、明らかにされてきました。明を中心とした朝貢貿易体制に代わって歴史の表面に浮かび上がってきた民間レヴェルのネットワークを担ったのは、このような集団だったのです。

それによって直接の打撃を受けたのが琉球です。琉球は朝貢貿易体制がしっかりしていた頃の花形だったわけですが、それが弛緩してくるにしたがって琉球の繁栄にも影がさしてきました。まず、密貿易、つまり後期倭寇にその役割、つまり中国と周辺地域を結ぶ中継貿易者としての機能を蚕食され始めたのですが、さらにこれに追い討ちをかけるように、ヨーロッパ人たちがこの海域に姿を現したのです。

先ずポルトガル人が一五一一年にマラッカ(現マレーシア連邦の同名の州都)を占拠します。この都市はマラッカ海峡に面し、東南アジアとインド洋の二つの交易圏を結ぶ貿易港として発展していました。一五一一年にマラッカを占領したポルトガル人はほどなく倭寇たちとも接触し、シナ海域にも進出します。そして明政府に通商を求めますがそれには成功せず、当初は倭寇同様の活動を展開し、「仏郎機《フランキ》」という新手《あらて》の倭寇と見なされるようになります。彼らによって一五四三年には種子島に鉄砲がもたらされ、一五四九年にはイエズス会宣教師フランシスコ・ザヴィエルが鹿児島に上陸して、初めてキリスト教が日本に伝えられたことはよく知られています。

しかしこれらの事跡も、倭寇と切り離せないものでした。と言うのは、よく知られているように種子島にポルトガル人を運んだのは、有名な倭寇の頭領王直《おうちょく》(?—一五五九)の船で、種子島の住民と彼らを通訳したのも王直、ザヴィエルを鹿児島に導いたのも、中国のジャンク船だったからです。彼らは一五五〇年には平戸にも姿を現しますが、それも王直の手引きによると考えられており、実際当時の平戸には王直の拠点と屋敷があったのです。しかしその一方で、ポルトガル人が明政府の倭寇鎮圧にも協力して、一五五七年にマカオ居住と通商を許可されると、事情が違ってきます。彼らは一五七〇年には長崎で初めて貿易をし、翌年には彼らとの貿易のために長崎の町が建設され、ほどなくマラッカ・マカオ・長崎の定期航路が開かれます。この定期航路は、一六三九年(寛永一六)に彼らが日本渡航を禁止されるまで、日本・中国間の中継ぎ貿易におけるもっとも安定したルートとして機能し続けるのです。

西廻りで太平洋を越えてこの海域に姿を現したイスパニア(スペイン)人が、一五六五年にはフィリピン征服を開始、翌年にはメキシコのアカプルコとの間に定期航路が開かれ、いわゆるガレオン貿易(〜一八一三年)が開始されます。このルートによって、当時世界最大の生産地になりつつあった中南米から大量の銀がこの海域に運ばれ、中国市場に流れこむことになります。

同じ頃日本人もこの海域に進出します。それを後押ししたのが、中南米に次ぐ生産量を誇るようになった日本の銀です。一六世紀前半に新しい銀の精錬法が伝えられて、現在の島根県大田《おおだ》市に位置する石見《いわみ》(大森)銀山の生産量が急増、さらに、兵庫県の生《い く》野《の》銀山などの発見が続きます。ある説では、この頃日本は世界の銀産出量の三分の一を占めたとされています。そういう豊富な銀を求めて中国人たちが日本にやって来るようになり、ヨーロッパ人がそれに続きました。その一方で、倭寇に誘われて日本人も海外に出て行き、あるいは倭寇の一員として、または、貿易商人として、さらには現地の傭兵として、活動することになります。それらのうちの倭寇的な要素を排除しながら、シナ海域での貿易と航海の安全を図りつつ統制下に置くために、徳川政権が一七世紀初頭に創設したのが、朱印船制度だったわけです。

先に述べたように、明の朝貢貿易体制の基盤《ベース》として、華人ネットワークが、東南アジアから東アジアにかけて展開していました。日本もその最北端に位置していましたが、当初はさほど重要な位置を占めてはいませんでした。しかし、一六世紀頃から急速に脚光を浴びるようになります。それは、その頃に日本の銀と中国の生糸の交換という貿易の型が形成されたためと考えられます。倭寇もヨーロッパ人たちも朱印船も、ほぼ例外なく日本に中国の生糸を運び、銀を運び出したのです。このように、従来から展開していた華人ネットワークに、日本と中南米の銀が投入されて、この海域が未曽有の好景気に沸いたことが、私の言う「倭寇的状況」の原動力《エネルギー源》となったのです。

一五六七年には明政府が倭寇対策の一環として、東南アジア方面については海禁政策を一部緩和しました。しかし、日本については以前——渡航禁止——のままでした。遣明船も、一五四七年第一九回目の派遣の後、担い手の大内氏が滅びて、途絶えたままでした。既に琉球は往年の力を失って、この頃日本への来航も、東南アジア方面への渡航も途絶えがちでした。

　しかし、シナ海域の貿易は既に中国の生糸と日本の銀の交換を軸に展開されるようになっていましたから、両国の直接貿易の代わりに、両国を出港した船(必ずしも日中両国籍の船とはかぎりません)が適当な場所で落ち合って行う出会《であい》貿易が盛んに行われるようになりました。そして、その拠点になった場所、すなわち、マニラ、マカオ、澎湖島、台湾の安平や基隆、その他東南アジア各地の港市、例えば、ヴェトナムのホイアン、タイのアユタヤ、カンボジアのプノンペンなどは、諸国の船が輻輳して活況を呈し、唐人町や日本町などの諸民族の居住地ができました(岩生成一『南洋日本町の研究』岩波書店、一九六六年)。また、日本でも、九州を中心に、唐人町やヨーロッパ人の寄港地があちこちにできるようになります。先に述べた、ポルトガル船貿易のために建てられた長崎も、そのような港市、いわゆるport-city《ポート・シティ》の一つだったわけです。

　そして、これらの港市のうち、所属の曖昧な場所はこの海域で活躍する諸勢力、すなわち、倭寇、ヨーロッパ人、日本人たちの争奪戦の対象となったのです。なかでも台湾はそれを象徴するような存在で、一六世紀半ばに初めて歴史に登場してきた後、オランダ・スペイン、イギリス、そして先に抗清行動のところで触れた鄭成功などが争奪戦を演じつつ、かわるがわる支配することになります。前回触れた日本とオランダが一時断交するきっかけになった台湾事件(一六二八年)も、実は、その一例なのです。

この一連の過程は、視点を変えれば、中世(一五・一六世紀)において琉球が持っていた地位と機能が、これらの港市と倭寇やヨーロッパ諸勢力・日本人などに分有されていく過程と観《み》ることもできます。そのなかで、勢力の衰えた琉球自身も、他の港市と同様に、他の新興勢力から狙われることになります。具体的には、南海貿易の独占を狙っていた島津氏が琉球に食指を伸ばしはじめ、一六〇九年の軍事征服によって、その念願を果たすことになるのです。

(3)日中「両属」の国琉球

先ほど「江戸時代を通じて日本と中国の間に正式の国交はなかった」と言いましたが、足利義満は古代の遣唐使が途絶して以来、初めて「日本国王」として中国の皇帝に朝貢し、その冊封を受けた人物です。それ以後、遣明船——実際は明への朝貢貿易船です——が派遣され、そのことによって、「日本国王」と中国皇帝との、正式の国交が実現したのでした。しかし、一五四七年の第一九回をもって、それも中断し、それ以後日本の中央政府は一貫して、中国との国交を回復するために努力します。先に、秀吉の朝鮮侵略の話をしましたが、この戦争の大きな目的は――少なくとも表向きの目的の一つは――明との国交回復でした。秀吉の跡を継いだ徳川家康も、さらに家康の跡を継いだ秀忠も明との国交回復の努力を続けたのですが、なかなか実現しない。そして実現しないうちに明が滅び、清の時代になるのです(明清交代、一六四四年)。しかし、清は女真(満州)族が建てた国です。満州族は中世以来「夷」(野蛮人)とされてきましたから、明清交代で「中華」が「夷」の支配する国になってしまった、つまり「華夷変態《かいへんたい》」(華が夷になった)と周辺諸国は考えました。徳川幕府もその例外ではなく、抗清勢力の救援要求に、一時は真剣に援軍の派遣を検討したほどですが、清の覇権確立以後は中国との国交回復の交渉は断念することになります。

ここで、秀吉から家康に続く統一政権(日本を統一した政権)が、なぜ中国との国交回復に執着したか、ということについて整理しておきましょう。理由は、二つありました。

一つは、政治的な理由です。東アジアの国際社会において、政治的な中心は「中華」(中国)であるということは、否定しようのない現実でした。それに対して、統一政権は、「中国ほどではないが、我々も一種の中華だ」と考えるようになるのです。これを私は「日本型華夷意識」と呼んでいるのですが、このためにある種の「中華」として、本家の「中華」との関係を明確にしておかないと、自分たちの立場というか、国際的な正当性が得られないと考えたんですね。だから、何とかして中国との正式の関係を樹立する必要があった。

もう一つが、経済的な要請です。後で具体的に見ていただくように、当時の日本社会は、中国市場との貿易関係がなければ成り立たない状況に、既になっていたのです。従って、日本の国を経済的に成り立たせようとすると、中国市場との貿易関係を維持しなければならない。ところが、既に何度も述べているように、中国側は日本に対して海禁政策をとっていますから、中国から正式の貿易船は来ないわけです。にもかかわらず、実際には当時は中国船がどんどん日本にやって来ていました。しかし、これは全部モグリでやって来ているので、中国側からすれば倭寇に他なりません。倭寇は、当時の東アジアにおける国際的な犯罪者とされていました。そういう国際的な犯罪者と、一国の統治者である豊臣政権あるいは徳川政権がある種の関係を持つ、あるいは彼らがやって来ることを容認するというのは、国際的に非常に体裁が悪い。と言うよりもむしろ、国際的に許されることではない。だから、豊臣政権は海賊停止令（一五八八年)を出して、海賊や倭寇を禁止するとともに、日本の大名などの領主階級が倭寇(すなわち来航する中国人たち)と関係を持つことも禁じて、全領主階級の国際的な正当性を確保するとともに、中国(明)との直接の貿易関係を開こうとしたのでした。

琉球も、島津氏による征服直後は、明との交渉(外交・貿易)ルートの一つとして王国の形態が残されました。それは、対馬・朝鮮ルートも同様でした。一六一〇年代から二〇年代にかけては、長崎や薩摩からの直接の交渉の他に、これら二つのルートを通じての明との国交回復交渉が続けられますが、結局、いずれの交渉も実を結びませんでした。そのことが明らかになってから幕府がとった方針(対策)は、以下の通りでした。

先ず、政治的には「中華」(明)を中心とした東アジアの国際秩序から自立して、自分を中心とした国際秩序をつくりあげること。これを「日本型華夷秩序」と呼びますが、朝鮮・琉球(以上「通信国」)・中国人・オランダ人(「通商国」)・蝦夷地(アイヌ等「撫育《ぶいく》」)を、その構成員として位置づけなおすわけです。これによって、それ以前は、明との関係の仲介者だった朝鮮・琉球も、独自の地位を持つ「国」として位置づけなおされることになります。

このような枠組みが、おおむね決まるのは、一六三〇年代のことで、「**表3　琉球国**

表 3　琉球国王使一覧

回数	西暦（日本年号）	使節名	使節の目的	正使名	副使名	人数
1	1634(寛永 11)	謝恩使	尚豊襲封	佐敷王子朝益		
2	1644(正保元)	謝恩使	尚賢襲封	国頭王子正則		70
3	1649(慶安 2)	謝恩使	尚質襲封	具志川王子朝盈		
4	1653(承応 2)	慶賀使	家綱襲職	国頭王子正則		
5	1671(寛文 11)	謝恩使	尚貞襲封	金武王子朝興	越来親方朝誠	74
6	1682(天和 2)	慶賀使	綱吉襲職	名護王子朝元	恩名親方安治	
7	1710(宝永 7)	慶賀使 謝恩使	家宣襲職 尚益襲封	美里王子朝禎 豊見城王子朝匡	富盛親方盛富 与座親方安好	168
8	1714(正徳 4)	慶賀使 謝恩使	家継襲職 尚敬襲封	与那城王子朝直 金武王子朝祐	知念親方朝上 勝連親方盛祐	170
9	1718(享保 3)	慶賀使	吉宗襲職	越来王子朝慶	西平親方朝叙	94
10	1748(寛延元)	慶賀使	家重襲職	具志川王子朝利	与那原親方良暢	98
11	1752(宝暦 2)	謝恩使	尚穆襲封	今帰仁王子朝義	小波津親方安蔵	
12	1764(明和元)	慶賀使	家治襲職	読谷山王子朝恒	湧川親方朝僑	
13	1790(寛政 2)	慶賀使	家斉襲職	宜野湾王子朝祥	幸地親方良篤	96
14	1796(寛政 8)	謝恩使	尚温襲封	大宜見王子朝規	安村親方良頭	
15	1806(文化 3)	謝恩使	尚灝襲封	読谷山王子朝勅	小禄親方良和	90 余
16	1832(天保 3)	謝恩使	尚育襲封	豊見城王子朝典	沢岻親方安度	97
17	1842(天保 13)	慶賀使	家慶襲職	浦添王子朝熹	座喜味親方盛普	
18	1850(嘉永 3)	謝恩使	尚泰襲封	玉川王子朝達	野村親方朝宜	

注 1)　典拠：宮城栄昌『琉球使者の江戸のぼり』第一書房，1982 年．ただし「人数」は『通航一覧』第 1 巻(国書刊行会本)による．

2)　この他に，1610 年(慶長 15)琉球王尚寧の「江戸上り」，および，1872 年(明治 5)維新慶賀使の「東京上り」がある．

王使一覧」に見られるように、この頃から、琉球国王の襲封を感謝する使節(謝恩使)の江戸上りが始められ、やがて、徳川将軍の襲職を祝う使節(慶賀使)が、それに付け加えられることになります。これらの使節は、朝鮮通信使と比べると、かなり規模が小さいのですが、両国の使節はともに、徳川将軍の国際的な権威を国内に対して眼に見える形で誇示する役割を果たしたのでした。朝鮮通信使は一八一一年に対馬で行われて以後実現しませんが、琉球使節の場合は、ペリー来航直前の一八五〇年(嘉永三)まで続くのです。

次に、経済的には、琉球の中国への朝貢貿易を、中国市場との貿易ルートとして、島津氏と徳川幕府の管理下に置くことです。これについては、後で述べます。

五　松前口——蝦夷地のアイヌ等との「撫育」の関係

「四つの口」のうちの最後の一つは、北海道の松前です。ここは蝦夷地との関係の窓口で、松前(北海道渡島《おしま》半島)に居城のあった松前氏の管轄でした。松前氏は、当初は一万石に満たなかったために大名ではなく、交代寄合(旗本筆頭に当たる)でしたが、一七一九年(享保四)に「万石以上の格」に列せられて、正式に大名となります。

蝦夷地は、現在の北海道を中心とした北方地域ですが、松前氏の城下とそれに続く固有の領地に当たる「和人地」(日本人の居住地)と、化外《けがい》の民とされたアイヌなどの居住地であり、一般の日本人が行くことの許されない、「蝦夷地」に分けられていました。近世前期の和人地の境界は、西は熊石村(現檜山支庁熊石町)、東は亀田村(現函館市内)とされていましたが、後期にはそれが徐々に拡大されるとともに、このような地域区分自体もかなり変動することになります。

蝦夷地の中世から近世への移行については、時間の都合で省略させていただかざるをえませんが、その地の先住民であるアイヌたちは化外の民(夷)とされこの人々を総体として統治する政治権力を構成していないために、彼らの住む蝦夷地は「無主《むしゅ》の地」という扱いでした。つまり、アイヌたち先住民は、一人前の交渉や交易の相手というよりは、徳川幕府や松前藩によって撫育(保護・育成)される存在とされていたのです。もちろん、それは徳川幕府のタテマエであって、実態ではありませんでした。アイヌたちは中世以来日本人社会の圧力と刺激を受けて成長を続けていましたし、「チャシ」と呼ばれる、祭祀と城砦の機能を併せ持つと推定される施設を作るだけの社会的な凝集力を持つまでになっていました。その基礎があって初めて、一六六九年(寛文九)のシャクシャインの戦い(あるいは戦争)と呼ばれている、蝦夷地の南半分のアイヌたちを糾合するという大規模な戦いが組織されえたと考えられるのです。

しかし、このようなタテマエは、徳川幕府が独自に編み出したものではなく、「通信」・「通商」というカテゴリーと同様に、東アジアの伝統的な国際関係の処理の仕方でもありました。一種の文法というのでしょうか、国際関係において、こういう場合にはこういうように処理するという文法のようなものがあったのです――現在の国際法に当たると考えていいでしょう――。この文法は、古代以来中国を中心に形成され、東アジアの国際社会の伝統になったものですが、日本においてもそれに則った処理・対応がなされていたということですが、このような色眼鏡――タテマエ――は前近代の国際関係を観る際には、外して実態をリアルに見つめ直すべきであることは、あらためて言うまでもないことでしょう。

4　東アジアのなかで息づく近世日本
――「鎖国」論から「国際関係」論へ

一　近世日本と東アジアの国際関係
――「海禁」と「華夷秩序」を通して見る

配付した資料のなかの「**図1　一八世紀頃の東アジアの国際秩序(概念図)**」を見てください。これは、日本を中心にすると、その対極に中国・清皇帝があって、朝鮮と琉球を媒介にして両者の間に政治的な関係が続いている。その北側に「山丹《さんたん》(靼)」という地域があります。現在の中国沿海州からロシアのアムール川沿岸部に当たります。「山丹」・「交易」とありますが、これは、この地域を通って、サハリンから蝦夷地のアイヌを媒介にして、いわゆる「松前口」で繋がっている「交易」(貿易)関係です。これ以外に、長崎を窓口とする中国・オランダとの関係、対馬・朝鮮関係、薩摩・琉球関係があったわけです。

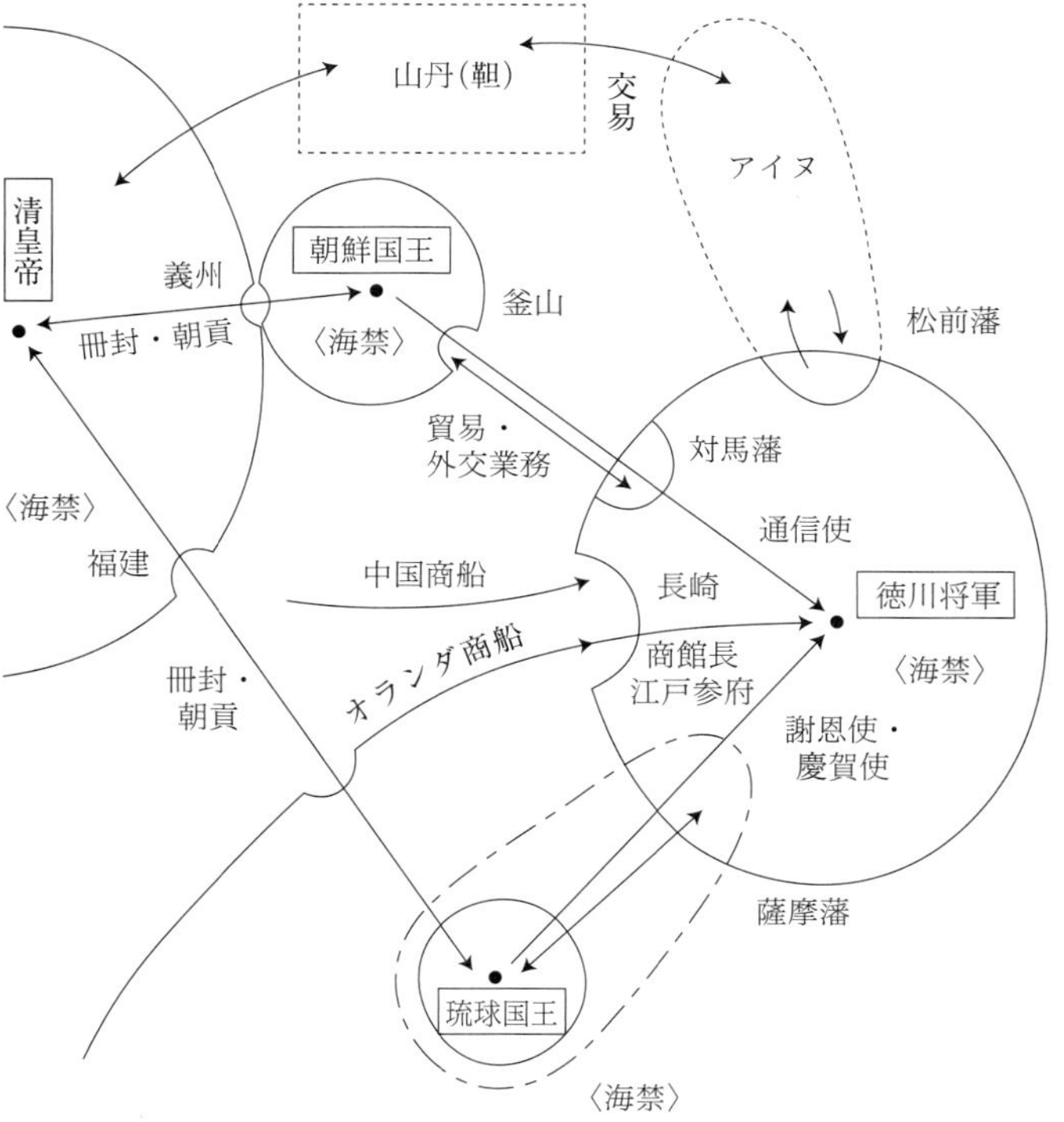

注 1) 釜山・義州以外の朝鮮の交易所(会寧・慶源)と，清のロシアとの交易所は本図では省略した.

2) 清の海禁は 1717 年以降.

* 荒野・1988 による.

図 1　18 世紀頃の東アジアの国際秩序(概念図)

その特徴の一つは、それぞれの国が海禁政策をとって、自国民と外国人との自由な関係を管理・統制しながら、外国との関係を国王＝国家権力が独占するという形で、東アジア全体の国際秩序を確保し、平和を維持しているところにあります。

もう一つの特徴は、中国・朝鮮の場合は、図には表現していませんが、日本の場合で言えば、朝鮮、琉球、中国人・オランダ人、アイヌなどと徳川将軍との儀礼的関係で結ばれているというタテマエになっている、ということです。その具体的な表象として、朝鮮・琉球からはそれぞれの国王の使節が、長崎からはオランダ商館長が、それぞれに江戸まで通い、徳川将軍に謁見してしかるべき儀礼を行い、中国人は長崎で八朔礼を、アイヌは松前氏や幕府の巡検使に対する「ウイマム」(お目見え)や「オムシャ」(恩謝)という服属儀礼を行なって、その秩序に従う形が演出されました。もちろん、その儀礼に参加する人々のアイデンティティとその儀礼とは必ずしも一致しているわけではありませんでしたが、その儀礼を通じて表現される徳川将軍を頂点とする、華夷主義的な秩序を、私は「日本型華夷秩序」と呼んでいます。その基本型、あるいは本家である中国の「華夷秩序」はよく知られていますが、日本・朝鮮も、おそらく琉球も、本家に倣《なら》ってそれぞれに、国王を中心に、国の内外の人々を華夷主義的に編成していました。

そして、それを維持するために対外関係を厳しく統制する――日本人は自由に海外に渡航することを禁止されるとともに外国人との自由な交わりも禁止され、それを保障する――必要があり厳しい沿岸警備態勢が敷かれていました。つまり「海禁」と「華夷秩序」という二つの要素によって日本の近世の国際関係は統制・運営されていたわけです。それは基本的には中国がとっていた体制――明がとっていて後に清がとることになる体制――、あるいはその同時代に朝鮮がとっていた体制と、共通した面が多いのです。もちろん、国による違いはあります。特に「華夷秩序」については、中国や朝鮮と比べると、例えば天皇の存在など著しく日本的な特徴があるため、「日本型華夷秩序」と呼んだらどうかと、私は考えているわけです。

こうして東アジア諸国は、それぞれに「海禁」と「華夷秩序」という要素(あるいは原則)によって国際関係を構築しており、そのことによって、一七世紀後半から一九世紀前半(アヘン戦争)くらいまで、ほぼ二世紀にわたって平和が続くのです。これだけ長い間平和が続いたというのは、おそらく、地球史上にあまりなかったことであり、おそらく、今後も、そう容易には実現しないのではないでしょうか。その点では、この体制とそれによってもたらされた平和と文化の成熟は、現代日本の平和憲法とともに、いわゆる世界歴史遺産に値するものではないか、と私は考える次第です。

二　近世日本と東アジア国際市場――貿易に見る日本と東アジア

次に、その政治的関係のもとで、どのような経済的関係があったかを示しているのが、一〇三頁の「**図2　一七世紀後半〜一九世紀半ばの東アジア貿易と日本**」です。

この図では、右側に日本市場が、その反対側に中国市場があります。例えば長崎の中国貿易というのは、すでに述べた通り、中国は一七世紀前半に明清交代があり、一七世紀後半に清の覇権が確立して以後、中国大陸から直接中国船が長崎にどっとやって来るようになります。

長崎には、よく知られているようにオランダ船もやって来ます。中国船も、先に述べたように、口船から奥船まであり、奥船はオランダ東インド会社の拠点であるバタビアまで行きますから、バタビアから長崎に来ることもあるわけです。このように、日本(長崎)と中国・東南アジアを中国船とオランダ船が繋いでいたわけです。

また、この図で朝鮮との貿易を見ていただくと、③④⑤という三つの貿易ルートがあるのが解りますね。③は、主に、生糸や絹織物を輸入して銀を輸出するという関係になっています。実は、生糸や絹織物は中国産です。金・銀はもちろん日本産ですが、これは対馬・朝鮮を経由して日本と中国が経済的に繋がっているということを示しています。琉球との貿易関係についても、ほぼ同様のことが言えます。

この図から、大きく三つのことが解ります。一つは、「四つの口」を通る貿易ルートの両端に、日本と中国の市場がある、ということです。つまり、日本市場は中国市場と長崎だけでなく琉球・朝鮮・松前を通じても繋がっていたということです。もう一つは、これらの「四つの口」の貿易によって、長崎の町や薩摩・対馬・松前の三藩が生計を立てていたということです。

三つ目は、輸出入ともに、貿易品が、時期によって変化しているということです(図2・注1参照)。その変化の一つは、一八世紀の初め頃にあります。その頃、日本の銀生産が落ちこんでいく一方、日本の経済発展によって経済規模が膨張して、国内に流通させる貨幣材料でもある銀の輸出が難しくなってきます。そのために、銀の輸出を制限し、さらに禁止したために、それまで輸入されていた中国産の生糸や朝鮮産の人参などが輸入されなくなります。それぞれが貿易上の対価《たいか》(同等の価値を持つ商品)とされていたからです。こうして、貿易品にもいろいろな変化が起きてきます。

その変化は、周辺諸国で構成される国際市場と日本の国内市場は、近代以後ほど直接的ではないにしろ、有機的に繋がっていることを示しており、近世日本の経済が、決して自給自足ではなかったことが、これで解ります。自給自足経済《アウタルキー》というのが「鎖国」の特徴とされていたのですが、この点でも近世日本は「鎖国」とは言えないわけです。

次に、一〇四頁の「表4」(人口と生産高の対照表)を見てください。江戸時代というのは、進歩のない閉鎖的で停滞的な社会であったという風に皆さんも教えられてこられたと思いますが、最近の研究によれば、決してそうではありません。もちろん一九五〇年代から七〇年代にかけての高度経済成長や明治維新後の成長ほどではありませんが、江戸時代を通じて経済は徐々に着実に発展していることが、この表からも解ります。人口は、関

注 1) 交易品(概略)

① →鷹・金(～17 世紀半ば), 木材(17 世紀末)
② 米・日用品など⟷海産物・毛皮など
③ 生糸・絹織物⟷銀(～18 世紀初), 薬種・毛皮など⟷銅(18 世紀半ば～)
④ 人参(～18 世紀半ば), 木綿→
⑤ 米→
⑥ 生糸・絹織物⟷銀・銅(～17 世紀末), 絹織物・薬種ほか⟷銅・海産物(18 世紀～)
⑦ 生糸・絹織物⟷銀(～17 世紀末), 絹織物⟷銅(17 世紀末～)
⑧ 生糸・絹織物⟷銀(～18 世紀半ば), 薬種・絹織物ほか⟷銅・海産物(18 世紀半ば～)
⑨ 砂糖→

2) 蝦夷地の重要性は, 18 世紀に入り, 海産物が長崎の中国貿易の主要な輸出入品となり, またそのころ農業における金肥(魚肥)使用が盛んになって, とくに増大.

3) 琉球は, このほかに 1 万石余の貢米を上納(薩摩藩へ).

＊ 荒野・1988 による.

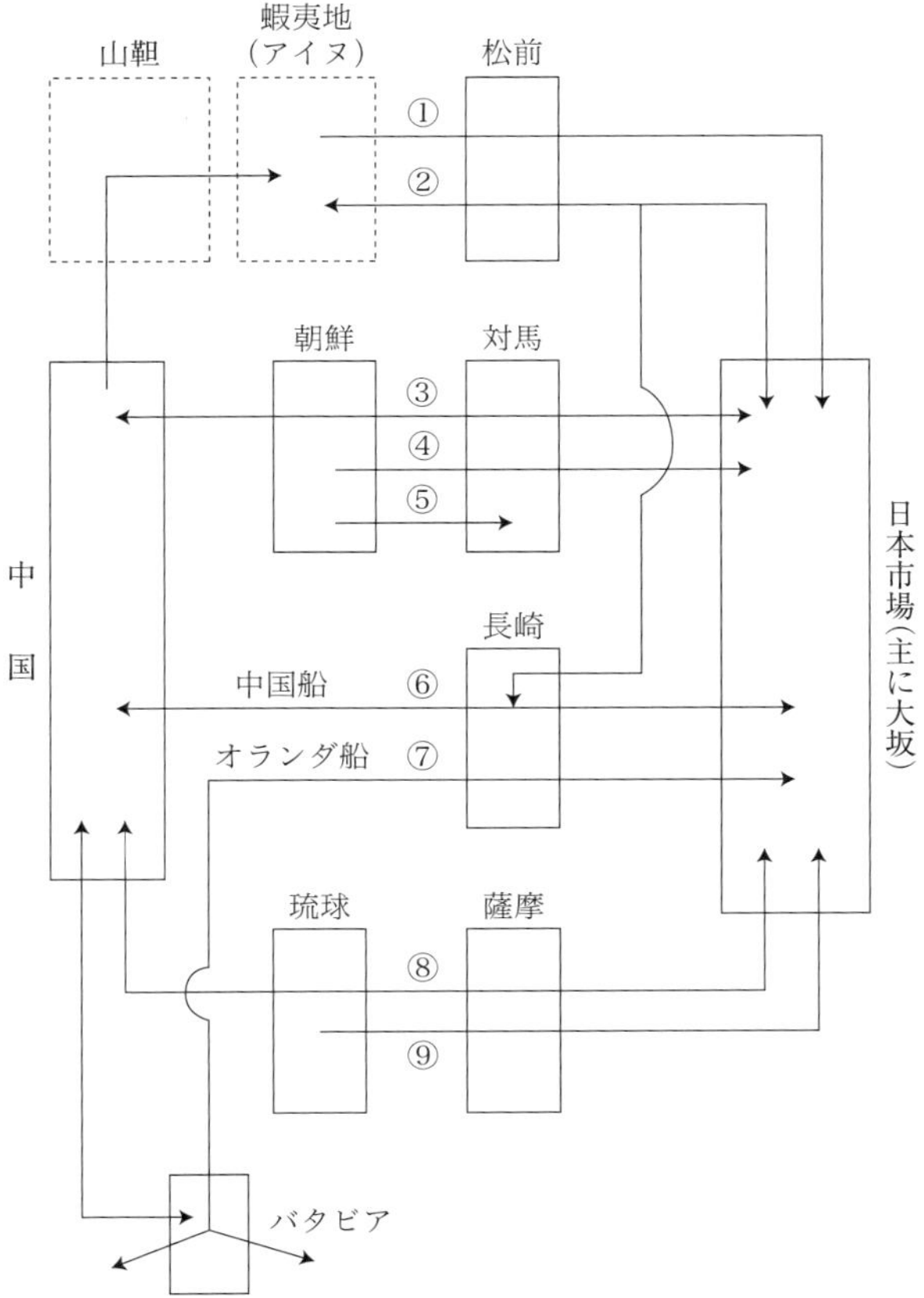

図 2　17 世紀後半〜19 世紀半ばの東アジア貿易と日本

表4　人口・耕地・実収石高の推移(推定)

時期	人口・N (万人)	耕地・R (千町)	実収石高・Y (千石)	Y/N (石／人)	Y/R (石／反)
1600	1,200	2,065	19,731	1.644	0.955
1650	1,718	2,354	23,133	1.346	0.983
1700	2,769	2,841	30,630	1.106	1.078
1750	3,110	2,991	34,140	1.098	1.141
1800	3,065	3,032	37,650	1.228	1.242
1850	3,228	3,170	41,160	1.275	1.298

注）本表は，石井寛治『日本経済史　第2版』(東京大学出版会，1991年)によるが，当該表は，速水融・宮本又郎「概説17〜18世紀」(『日本経済史』1，岩波書店，1988年)44頁所収の表に基づいて作成されたものである．

ケ原の戦いがあった一六〇〇年に一二〇〇万人だったのが、二五〇年後の一八五〇年には三二二八万人に増えています(二・六九倍)。一六〇〇年・一六五〇年については、統計的な数字は残っておりませんが、残っているさまざまな資料に統計学的な処理を施して割り出したものです。一七〇〇年以降は幕府の調査資料などがありますので、こういう細かい数字が出せるわけです。

いずれにせよこの表から明らかなように、近世の初めと幕末とでは人口は三倍近く増え、耕地も拡大され、実収石高は倍以上になっています。近世というのは、社会がゆっくりとではありますが、成長していました、そういう時代だったのですね。もちろん近代以後のような速度ではありませんが、経済的にも成長した時代だったのです。先にも言ったように、このためやがて銀が不足してくる。

銀は当時の貨幣の主要な材料ですから、経済規模が拡大すると貨幣の流通も増え、銀の需要も増えていきます。ところが、銀というのは主要な輸出品でもありますから、そこで銀の輸出を禁止せざるをえないことになったのです。すると生糸が入ってこなくなる。朝鮮貿易の場合ですと、薬用として非常に貴重な朝鮮人参が輸入されなくなってしまいました。しかし、それがそのまま終わってしまうのではなく――ここが日本人の凄いところなんですが――いろいろと努力して、中国から輸入していたものに代わる上質の生糸を国産できるようになり、さらには栽培の難しい朝鮮人参まで国産できるようになるのです。

ついでに砂糖についてお話ししておきます。砂糖も江戸時代の初期には主要な輸入品の一つでした。砂糖には、白糖(白砂糖)と黒糖(黒砂糖)があります。白糖は、主に、輸入品でした。しかし、黒糖は一七世紀の後半から琉球で、一八世紀にはいってからは、奄美諸島で生産されるようになります。琉球も中国貿易以外で何とか生きていく方法を探るなかで、中国から黒糖の製法を導入します。そして、黒糖が大坂で非常に高値で売れるということが分かって、生産に力をいれます。しかし薩摩藩は、砂糖が有利な商品であることに目をつけて、その生産を琉球だけにとどめずに、琉球から割きとって自分の領分とした奄美諸島(琉球文化圏の奄美諸島が、現在でも鹿児島県に属しているのはこのため）でも生産を開始します。そして、奄美の黒糖が大坂で値崩れするのを防ぐために、琉球の生産を抑え、その一方で、奄美を黒糖生産の中心に据え、奄美諸島を黒糖生産のためのプランテーションにしていくのです。江戸時代に日本で消費された黒砂糖のほとんどは琉球と奄美、特に奄美で生産されたものでした。薩摩藩が雄藩として明治維新の原動力になったことはよく知られていますが、それを経済的に支えた基盤の一つが琉球と奄美の砂糖であったということを忘れることはできません。

砂糖のことで、もう一つ、付け加えることがあります。それは、白糖も、日本で独自の製法を開発して、国産できるようになったことです。一九世紀にはいると、それがオランダ船などで輸入される白糖を値崩れさせるほどになっています。上品な甘みで知られ、今でも生産されている「和三盆《わさんぼん》」がそれで、これが大量に市場に出回るようになったために、輸入白糖のみでなく、黒糖まで値崩れし、そのために薩摩藩は、藩財政を支えるために、本格的に密貿易に手を出すことになった、とされています。

ここでお話ししたかったのは、江戸時代というのは緩やかに発展し日本人の生活も徐々に向上していって、それが明治以後の日本の近代化を準備したのですが、その傍らで、その発展を支えながら、その下敷きとなって苦しい生活を強いられた人たちがいたということです。それがまず、琉球(沖縄)、奄美の人たちでした。

アイヌの人たちについても同様のことが言えます。例えば昆布は、江戸時代は中国向けの主要な輸出品であり、かつ庶民の食材としても重要なものでした。庶民の生活が向上すると、国内でも昆布の需要が高まります。よく知られているように、昆布は北海道以北でしか採れません。昆布の需要が高まると、その漁場で働くアイヌたちへの収奪が一層強化されるという関係がありました。日本人の生活レヴェルの上昇は、当時の蝦夷地での生産形態を通じてアイヌへの搾取に繋がった。このことを忘れてはいけないと思います。

「鎖国」だった、あるいは自給自足の経済だったと言い切ってしまうということは、このような境遇に置かれた人たちの存在を切り捨てること、視野から落としてしまうことに繋がるのです。そういう意味で私は、「鎖国」という言葉は絶対に容認できないと思っているわけです。実は、現在の私たちの生活も、似たような形で世界の人々の生活とも繋がっている、ということを忘れないようにしたいと考える次第です。

5　鎖国を見直す意味——なぜ歴史は見直されるのか

鎖国だけでなく、日本史のいろいろな部分で従来言われてきたことが見直されています。これはなぜか。歴史というのは、単に過去にあったことを調べるというのではなくて、現在を生きている生身《なまみ》の私たちが過去をどのように見て、そこからどういうものを汲み取ってくるか、過去と現在のキャッチボールというか、そのような一種の緊張関係のなかで否応《いやおう》なく行われる作業でもあるのです。現代はどんどん動いている、いろんな問題を生み出してきている。ということは、一〇年前、二〇年前に見た過去とは、見るところが違っているということなんですね。違った位置や角度から見ると、歴史からもまた違ったものが見えてくるということです。

従って、歴史を研究する、あるいは歴史を学ぶということは、——歴史は大きな意味ですべて現代史だとよく言われますが——、今回皆さんに二回にわたって「鎖国」がどのように見直されているかについてお話しさせていただきましたが、これも現代を生きている私たちが過去を見た時に――現代に起きているさまざまな問題を踏まえながら過去を見た時に――、従来は見えなかったものがこういうふうに見えてくる。そのことによって近世の、江戸時代の新たな国際関係像というのが浮き彫りにされるのである、ということで私の話を締めくくらせていただきたいと思います。

お配りしたレジュメに細かく書いておきましたので、これを読んでいただければお解りいただけると思います。また、私が書いたものの一部をリストアップしてありますので、ご興味がおありでしたら見ていただければ幸いです。

これで終わります。ご清聴、どうもありがとうございました。

［**参考文献**］（すべて荒野泰典著）

「幕藩制国家と外交――対馬藩を素材として」『歴史学研究別冊』一九七八年

「大君外交体制の形成」『講座近世史2』有斐閣、一九八一年＊

「日本の鎖国と対外意識」『歴史学研究別冊』一九八三年＊

「近世日本の漂流民送還体制と東アジア」『歴史評論』四〇〇号、一九八三年＊

「近世中期の長崎貿易体制と抜荷」『日本近世史論叢 上』吉川弘文館、一九八四年＊

「18世紀の東アジアと日本」『講座日本歴史6』東京大学出版会、一九八五年＊

「国際認識と他民族観――「海禁」「華夷秩序」論覚書」『現代を生きる歴史科学2』大月書

店、一九八七年
「日本型華夷秩序の形成」『日本の社会史1』岩波書店、一九八七年
「海禁と鎖国」荒野・石井正敏・村井章介編『アジアのなかの日本史II　外交と戦争』東京大学出版会、一九九二年
「小左衛門と金右衛門――地域と海禁をめぐる断章」『海と列島文化10』小学館、一九九二年
「海禁と鎖国の間で」『あたらしい歴史教育②』大月書店、一九九三年
「近世の対外観」『岩波講座日本通史13』岩波書店、一九九四年
「東アジアのなかの日本の開国」田中彰編『近代日本の軌跡1　明治維新』吉川弘文館、一九九四年
「東アジアの華夷秩序と通商関係」『講座世界史1』東京大学出版会、一九九五年
「天竺の行方――三国世界観の解体と天竺」『中世史講座11』学生社、一九九六年
「近世日本の国際関係――朝鮮通信史の歴史的前提として」『会報　むろのつ』五号、一九九九年
「東アジアへの視点を欠いた鎖国論」『徹底批判『国民の歴史』』大月書店、二〇〇〇年
「近世東アジアの国際関係論と漂流民送還体制」『史苑』六〇巻二号(一六四号)、二〇〇〇年
「東アジアの発見――「世界史」の成立と日本人の対応」『史苑』六一巻一号(一六五号)、二〇〇〇年
＊は拙著『近世日本と東アジア』(東京大学出版会、一九八八年)所収のもの、ただし「日本型華夷秩序の形成」のエッセンスは、同書の「序論」に採用。

第Ⅱ部　明治維新と「鎖国・開国」言説

——なぜ近世日本が「鎖国」と考えられるようになったのか

1 前口上

ただいまご紹介いただいた荒野です。私は明治維新史学会の会員ではありませんが、次に述べるような理由で、この場でお話しさせていただくことになりました。

私はここ三〇年余り、近世の日本を「鎖国」というのは止めて、実態にふさわしい「海禁・華夷秩序」という対《つい》概念で、近世日本の国際関係像を脱構築する(組み立て直す)ことを提案してきました。その甲斐あってか、近世史研究者の間では、「海禁・華夷秩序」とは言わないまでも、たとえ「鎖国」と言う場合でも、「　」《カッコ》をつけるか、いわゆる「鎖国」という風に、ある種の留保をつけて表現するというくらいまでにはなってきました。

しかし近世の前後の時代、つまり、中世と近代では依然として近世を「鎖国」と呼ぶ傾向が強い。比較的最近——一〇年ほど前ですが——編纂された中世日本史のシリーズでも、中世は相変わらず近世＝「鎖国」で終わることになっているのに呆れ、かつがっかりしたことがあります。それと呼応するかのように、今でもほぼ例外なく近代は、ペリー来航による「開国」から始まることになっている。中世・近代ともに、近世史の研究状況はほとんど、あるいはまったく反映されていないという印象を私は持っています。何故こういうことになったのでしょうか。中世・近世・近代の三つの時代の研究者の間に交流がなく、互いに孤立して、それぞれ固有の視点と論理で研究が進められてきた結果このような状態に陥っている。このケースもその結果の一つではないかと、私は考えるようになりました。

近代史研究者は今でも、ペリー来航による「開国」で日本の近代が始まったという固定観念から脱却していない(あるいは、できない)のは、そのためでもあるように私には見えます。中世史研究も、人々が自由を謳歌した時代(中世)から、将軍権力の圧政のもとでの不自由な時代、あるいは停滞した時代(近世)になった、いわゆる明るい中世から暗い近世へという、四〇年ほど前の、私が学生の頃にはまだ色濃く残っていた時代のイメージを、まだ払拭できていないように私には見えます。あるいは近世側からの偏った印象かもしれませんが……というようなことで、かねがね前後の時代の方々とも交流の必要があるのではないかと考え、旧知の間柄の木村直也さんともそのような話もしていました。そして、今日それが実現したというわけです。

しかし、今までに私がそういう試みをしなかったわけではありません。横須賀市の「開国史研究会」という学会の一〇周年記念大会に呼んでいただき、「鎖国」でも「開国」でもないという話をして、「鎖国・開国」という固定観念(あるいは「言説」)からの脱却が必要であるということをお話ししました。それから、小風秀雅さんに招待してもらって、お茶の水女子大学比較日本学教育研究センターのシンポジウムでも同じような報告をさせてもらい、有意義な時間を過ごしました。今日は近代史研究者の方々との三回目の交流の試みで、こういう機会をいただいたことを大変感謝している次第です。

2 はじめに――「鎖国・開国」言説ということ

私は、すでにいくつかの機会に、「鎖国」という言葉は、「開国」という言葉と対《ペア》で一九世紀末に、いわゆる近代化の成功とともに、近代日本人のナショナル・アイデンティティ(国民的自他認識)として日本社会に定着したということを指摘し、これを「鎖国・開国」言説と呼んできました。対《ペア》という意味は、二つの言葉が、それぞれ単独に、あるいは個別に存在しているのではなく、一対の言葉としてある歴史的な文脈あるいは認識を表現しているという意味です。例えば、その人が自覚しているかそうでないかにかかわらず、「鎖国」と言えば(あるいは、その言葉を聴けば)、反射的に(あるいは無意識に)近現代の日本人は「開国」を思い浮かべる、という関係にあるということです。子供の頃からの社会常識あるいは広い意味の歴史教育で、それが皮膚感覚のように私どもの心身に染みついている。さらに言えば、単に思い浮かべるだけでなく、それぞれの言葉が持たされているイメージや価値観とともに思い浮かべる、その逆もまた真であるということです。「鎖国」からは、ほとんど無意識に、閉鎖的・停滞・専制などの、マイナスのイメージを持った言葉たちが、「開国」からは、開放的・進歩・自由などのプラスのイメージを持つ言葉たちが自ずから心に浮かぶ、ということが近現代日本人、すなわち、私や皆さんをふくむ現代の日本人にはあるのではないでしょうか。あるいは、皆さんはそれらの言葉を脳裏に浮かべておられるのではないでしょうか。「鎖国」・「開国」という言葉は、コインの裏表のように、背中合わせでくっついて、一つの歴史認識を体現していると言ってよいでしょう。

その認識は、近世の日本は「鎖国」して世界の進歩から取り残されていたが、「開国」して近代化に成功し、欧米諸国と肩を並べる国(いわゆる一等国)になった、という趣旨の物語、すなわち「言説《げんせつ》」に要約できます。その物語を体現しているのが、「鎖国」・「開国」という二つの言葉の組み合わせで表現される一つの歴史認識、すなわち「鎖国・開国」言説です。この言説は、一九世紀末に近代化の成功(帝国憲法の成立や日清戦争の勝利、さらには企業勃興・産業革命など)を経て日本社会に定着し、それ以来ほぼ私ども日本国民全員が共有する自己／自国認識、すなわち、ナショナル・アイデンティティとして存在し続けています。「国民《ナショナル》」という意味は、明治半ば以後、学校での歴史教育や新聞・文学などを通じて、繰り返し国民に注入されて定着・内在化され、その後敗戦という挫折を経験したにもかかわらず、いわゆる高度経済成長で立て直され、バブル経済の破綻にも懲りないまま、「国民」に共有され続けて現在に至っている、と考えられるからです。小谷汪之《こたにひろゆき》さんは、島崎藤村の文学作品の分析を通じて、近代日本知識人が共通して保持している心性を安堵感――例えば、同時代のアジア諸国のように植民地化されなくてよかったと思う類の――という印象的な言葉で表現しつつ、それをいかに相対化するかが現代日本人の課題であると指摘されています。それと同じ意味で私は、一九世紀末以来一世紀余り私たち日本人を縛ってきた「鎖国・開国」言説からも解放される必要があると考えます。ということで、今回お話しするテーマは二つです。

まず第一に、近世日本は文字通り「鎖国」(国を鎖《とざ》)していたわけではなく、当時(近世)の日本人がそう考えていたわけでもないということです。近世日本の国際関係の実態は、いわゆる「鎖国」ではなく、必要にして十分な国際関係は維持し、それによる平和のもとで緩やかな発展と進歩を達成し、それが維新後の急速な近代化の基礎《いしずえ》となったという史実《リアル》を提示します。日本の近代は、幕末のペリー艦隊による「開港」から始まったのではなく、近世の二〇〇年を超える、東アジア地域(に媒介された地球的世界)との共生による平和と、そのもとでの繁栄(文化・社会の成熟)のなかで育まれたのです。ペリー艦隊の来航は、卵の中で育った雛(近代)が殻を破ってその姿を現すために必要な衝撃ではあったのですが、それに対応する歴史的な力量は近世の間に蓄えられていたと考えられるのです。今回のお話ではまず、その実態を紹介します。

第二に、それにもかかわらず、欧米諸国が日本を「鎖国」と断定した理由を明らかにし、さらに、日本人までもが近代以後そう考えるようになった経緯をたどり、その歴史的な意味を考えます。

その前置きとして、最近起きたいわゆる「鎖国」・「開国」という二つの言葉にまつわる、次の「事件」を事例として、現実にこの現代においても「鎖国・開国」言説がハバを利かせている生々しい実態を確認しましょう。

今年(二〇一七年)二月、文科省の学習指導要領で、小中学校の歴史教科書の三つのキーワード、「聖徳太子」・「元寇」・「鎖国」が、現在の研究状況を踏まえて、「厩戸《うまやどの》王《おう》」・「モンゴル来襲」・「対外政策」と改訂されました。それに関して、文科省が一般に募った「パブリック・コメント」なるもので「不評」だったので、改訂を取りやめて、もとに戻したという事件です。私見では、他の二つの歴史用語とともに、「鎖国」も、いったんは小中学校用の教科書から姿を消した、と言うより、しかるべき学問的な根拠に基づいて、それに代わる他の適切な用語に置き換えられたのにもかかわらず、政治的な要素もふくむ社会的圧力によって復活させられたということです。かつての天皇機関説を思わせるような、忌まわしくかつ危険なできごとです。

文科省が改訂を取りやめた理由として、一般的には「教育現場からの強い反発」があったと伝えられているようです。しかしいわゆる「教育現場」も多様で、それらの用語の復活に当惑し、疑念を抱く教員の方々もあるようで、私はそれを、ある機会に現職の方から直接聞いて少し救われた気持ちになりました。

問題なのは、そういう声も現場にあることを、マスコミはまったく報道しなかったことです。また、歴史学研究会などの研究者団体からも批判の声はあがらず、これも異常でした。かつてなら、歴史学界が一斉に批判の声をあげるほどの事件だと私は考えますが、そうならないところに、政治をふくむ現代の日本社会の問題性が表れていると考えます。「教育現場からの反発」という触れこみが批判を封じたのかもしれませんが、とすれば、かなり周到に仕組まれた「反発」だったと言うべきかもしれません。もっとも私自身も、「鎖国」に代えて、「海禁・華夷秩序」という対概念で近世日本と東アジア諸国の国際関係を脱構築することを長年主張してきた当事者として、新聞に投書するなど、まず自らが声をあげるべきだった、と忸怩《じくじ》たる思いを抱えてもいます。まだ闘いは始まったばかりで、長期戦になるはずなので、今からでも遅くはないとも思い、今回いただいたこの機会もその一つと考えたいと思っています。

また後で触れるように、この顚末《てんまつ》で、それまで私が「鎖国・開国」言説について感じていたある予感が、確信に変わったということもここでお話ししておきます。既述のように、私は一九八三年に、従来の「鎖国」に代えて、「海禁・華夷秩序」という対概念《ペアコンセプト》で近世の国際関係を脱構築することを提案してから三〇年余り、今日までその作業を続けてきました。その結果、近世日本が文字通り「鎖国《くにをとざ》」していたわけではないということは、少なくとも学界ではほぼ周知の史実になり、すでに二〇〇九年には高校の学習指導要領から「鎖国」という用語が削除されました。当時このことは新聞などでもかなり大きく報じられたのですが、その時には「現場からの反発」なるものはなかったように記憶しています。今回のこの事件は、それから一〇年も経たないうちに、歴史教科書を取りまく社会的政治的環境が変化したことを示していると思われます。あるいは、対象が小・中の教科書であることも関わっているかもしれないとも考えますが、その辺りの消息は、正直なところ情報が少なすぎてよく解りません。

しかし何事も、必ずしも悪いことばかりではありません。この事件を通じて、「鎖国」・「開国」という言葉(言説)について私が推測、あるいは予感していたことがほぼ実証され、推測が確信に変わったからです。二〇〇九年に一応の成果が表れるまでの約三〇年間、私は、いわゆる「鎖国」ではなかった、つまり実際には国を鎖《とざ》していたわけではなく、必要にして十分な国際関係は維持していたという史実、すなわち、近世日本の国際関係の実態と、それを踏まえた仮説(海禁・華夷秩序論など)を提示してきたのですが、依然として「鎖国」という言説は生きのびています。このような「鎖国」言説の根強さについて私は、長年頭を悩ませたあげく、原因は近世の国際関係の実態ではなく、ペリー来航によるいわゆる「開国」にあるのではないか、という推論にたどり着いたのでした。「開国」が「史実」として動かない(と信じられている)以上、その前提として、その対偶概念である「鎖国」もなくなることはないのではないか、ということに思い当たったのです。つまり、近世の国際関係の実態ではなく、いわゆる「開国」という思いこみ(言説)が、その前提としての「鎖国」(言説)を必要としているのではないか、という仮説です。

それは、今回の指導要領の改定「事件」にも、端的に表れています。新聞では、異口同音に次のように報じられています(『読売新聞』二〇一七年三月二一日)。

江戸時代は外交や交易が一部で行われていたとして、改定案では小中とも「鎖国」の表記を止め、「幕府の対外政策」に変えるとしていた。だが、「幕末に『開国』があるのは分かりにくい」などの意見が寄せられたため、「鎖国」を復活させることにした。(傍線荒野)

同日の朝日新聞も、同様に、「幕末の「開国」との関係に配慮して」と、その理由を説明しています。つまり、「鎖国」は「開国」を合理的に、あるいはもっともらしく説明するための前提(あるいはダシ)に過ぎない、ということで、江戸時代の国際関係の実態という史実よりも、「開国」言説を重視するということでもあります。「開国」言説の根深さを思い知らされる事実であり、私の漠然とした予測が的中していたということでもあります。

しかしすなおに考えれば、「鎖国」ではなかったという史実が示されれば、それを踏まえて、従来「開国」と呼ばれてきたものは何だったのか、と顧みるように思考が働くはずです。しかしそうはならずに、長年の研究によって明らかになった「鎖国」ではなかったという史実そのものを否定、あるいは無視しようとする。そのような姿勢こそまさに「歴史への冒瀆《ぼうとく》」に他なりませんが、同時に、そうさせるのが、「鎖国・開国」言説の麻酔(あるいは思考停止)効果でもあります。もともと、国際関係の在り方を「開・鎖」の二項対立で表現しようとすること自体に無理があり、その表現そのものがある意図を持ったレッテル貼り以外の何物でもない、ということを端的に示しています。

あらためて新聞報道を見直すと、今回の三つの歴史用語の改訂に対する攻撃の中心は、「聖徳太子」問題だったように見受けられます。各新聞のこの件の関連記事の見出しは、まずこの用語を大きくとりあげていましたが、それらの記事の、彼をどのように「お呼びするか」などという奇妙な言葉遣いなども、かつての天皇機関説事件を髣髴《ほうふつ》とさせます。「歴史への冒瀆」などという場違いな言葉も、この圧力が単なる教育現場からの反発などではないことを示しています。「元寇」・「鎖国」はそのことを目立たせないための囮《おとり》だったのかもしれません。二〇〇九年の高校指導要領の改訂の時にはなかった、あるいはまだ弱かった動きが、この一〇年ほどの間に勢いを増してきたことを示唆しているとも思われます。

もともと教科書検定について、私は、教科書執筆に関わった経験から、教科書調査官は相撲の行司のような存在という感想を持っています。調査官諸氏は、当然のことながら、御自身の研究に基づいて判断するのではなく、複数の学説の対立があると、いわゆる第三者の立場から、どちらが学界でより多くの支持を得ているかという視点からその形勢を見守り、勝った(あるいは、優勢な)方に軍配を上げるようです。相撲の場合には、その判定を土俵下で監視する何人かの「親方」たちがいて、問題がある場合には彼らが「物言い」をつける。ところが、今回の事件では、「物言い」をつけた人たちの正体がはっきりしない。単なる「パブリック・コメント」で済ませられるものなのかどうか。文科省もマスコミも、それについては具体的な情報を流さないし、報道もされない。それが不気味だし、最大の問題でもあるのではないでしょうか。最近ある機会に知り合った現場の人(高校教師)に訊いてみたところ、現場ではむしろ、今回の経緯を不審に思い、何か良からぬ意図すら感じる、同僚ともそう話している、という返事でした。それで私も少し気が楽になったのですが、それはともかく、「現場からの反発」と言われていることについては、マスコミもその実態に関する情報は流さず、藪蛇を恐れてなのか、保身に回っているようにしか見えません。

もう一つの問題は、新聞やTVなどの報道による教科書の内容に関する報道内容自体が非常におそまつで、かつ、新聞社によって――あるいは記者の素養と関心の程度によってか――表現にかなりのブレやばらつき、曖昧さなどが見られることです。例えば『毎日新聞』は、最近の歴史研究で、「四つの口《くち》」で「外交をしていたとの学説が定着」し、「当時の国際情勢を表現する言葉として適当でないという指摘」に基づく措置とかなり正確に史実を踏まえているように見えますが、国際関係は「外交」だけではありません。またWeb上の「産経ニュース」では、「実際は長崎や対馬などを窓口として交易がおこなわれており」と書いていますが、「交易」≠「貿易」だけではありません。これもかなり雑駁な紹介です(ともに二月一四日の記事で、元の職場＝東京大学史料編纂所の同僚から提供されたものです)。これらの記事に共通して見られる特徴は、「外交」・「交易」などという言葉の使い方が極めておざなりなことで、この種の問題について記事を書く資格があるとは思えない、あるいは、この種の研究状況についてまじめに勉強したとはとても思えない記者による記事であることを露呈しています。二月の改訂の際に私に取材したある新聞の記者も、電話の取材で、その記事の内容もかなりおざなりで、いわゆる「鎖国」を支持するかのような——寡聞にして私が、名前も何を専門にしているのかも知らない——ある大学教員の意見らしきものが最後に紹介されていました。あるいはそれが、現在の大学における日本史教育のレヴェルであり、今回の事態の予兆であったのかもしれないとも思わせられます。

新聞記者でさえその程度であり、まして国会などでの議論においてをや、です。例えば、今回報道された記事における、「交流を制限していたのは事実」だから「鎖国」

だという(おそらく、国会議員の)驚嘆すべき発言(姓名未報)がそうです。同種の発言は、専門の研究者からも聞かされたことがあります。それに対して私は常々、近世日本が「鎖国」なら、現代日本も「鎖国」だと言ってきましたが、この議員らしき人物をはじめ、このような発言をする人たちは、現代日本の国際関係が、特に一般国民にとっていかに「制限」まみれであるかということに気づいていないのでしょう。ここにも発言者の知性のみでなく、「開国」言説の問題点が端的に表れています。おそらく、この人物は、ペリー来航によって「開国」して以来、日本の国際関係は制限がなくなったと単純に思いこんでいる、あるいは、思いこみたがっているのでしょう。恐るべき認識不足で、私には、このような人物に教育現場に容喙《くちだし》する資格があるとは到底思えません。そうさせている原因の一つは、「開国」という言説の魔力にあり、それに囚われているということにおいては政治家もマスコミ関係者も大同小異と言わざるをえないようです。しかし研究成果を社会に還元するという努力を怠ってきた私にも、その責任の一端があると、現役(大学教員)を退いたとは言え、研究者の末席に留まっている私にも、忸怩たる思いがあります。

数年前に、イラクやＩＳの人質問題の時に、政権の担い手が臆面もなく、彼らが人質になったのは、政府の忠告にもかかわらず現地に行き、そうなったのだから「自己責任」などと発言し、マスコミもふくめてそれに同調するという、とても民主主義国とは思えないような、思いがけず人質にされた人たちにとっては痛ましいできごとがありました。この、イラクの人質バッシングについては、当時の米国国務長官が「自己責任」とまでは言えないと発言したことも、両国政府の認識――民主主義のレヴェル――の違いを端的に表している点で、印象的かつやるせないできごとでした。ISの場合は、例えば、フランス政府は、その時、人質を取った勢力と極秘に裏取引をし、多額の身代金を払って自国の人質(マスコミ関係の人物)を救出したという事例も紹介されていました。しかし日本政府は、政権の責任者自身がその逆の態度をとり、人質がみすみす「処刑」されてしまったことを記憶されている方も多いと思います。

これら一連の人質をめぐる日本政府とマスコミの対応を見ながら私は、近世初頭に東南アジア諸国との外交関係を通じて朱印船制度を創設した徳川家康の姿勢と、ある点で同じであることに気づきました。周知のように、家康が創設した朱印船制度は、彼と東南アジア各地の国王やそれに等しいその地域の権力者との外交(書簡の往復による親善)関係に基づいて機能したものです。家康は、秀吉の政策を継承して、日本の領海内での外国船の安全な航海と貿易を保障すると同時に、それぞれの国の領域内での、日本発で家康の朱印状を持参した貿易船、いわゆる朱印船(日本籍ばかりでなく、外国籍で長崎発——長崎奉行管轄下——の貿易船も含む）の船と身柄の保護および貿易許可を求め、他方で、朱印状を持たない者はいわゆる「海賊」と同じなので、相手方の自由な措置に任せると述べているのです。つまり、家康の朱印状を持たない者＝許可を得ていない者は、保護の対象ではないということ、すなわち上述の、「自己責任」に等しいということです。国際関係における「国民」の権利についての認識と姿勢においては、現在の日本政府は徳川政権と同じ水準にあるということで、それは国民に正しく認識しておいてもらうべきことと私は思います。

いわゆる「開国」言説に惑わされずに、現実の国際関係における私ども一般国民——あるいは一般市民——の権利のあり様を、虚心坦懐に見直す必要があると私は考えます。その点でも、この分野で私ども研究者が果たすべき役割は思いのほか大きいのではないか、と考える次第です。

さて、前置きが長くなりましたが、本題に入ります。

3 近世日本の国際関係の実態

一 「鎖国」から「四つの口」論へ

先ほど、私が二つ大学へ行っていると紹介されましたが、一つ目の大学(東京商船大学、現東京海洋大学)に入学して、船に乗ったりモノを書いたりしていたのですが、その割には自分が何も知らないと痛感したものの、何をどうすべきかも分からない。暗中模索している頃に出会ったのが、丸山眞男先生の『日本の思想』(岩波新書、一九六一年)でした。それまでかなりの西洋かぶれだった私は、この本で初めて日本・日本人を見直す気になり、近世日本思想史の勉強を志し、五年ぶりに受験勉強をして幸運にも東大に入学できたのでした。

駒場ではドイツ語に熱中したために、ヨーロッパ言語も捨てがたくなって、思想史系でヨーロッパ言語を使えるテーマはと考えて、思いついたのが蘭学でした。駒場にある蘭学・洋学系の書物はあらかた読んだのではないでしょうか。偶然にも、尾藤正英先生が二年生の日本史(近世史)の入門講義を担当しておられて、その講義で、蘭学・洋学をやるのなら「鎖国」を知らなければならないと聴き、その気になって本郷に進学しました。

それ以来、「鎖国」から出発し、「鎖国」論批判を経て、近世日本の国際関係の研究というところまで到達しましたが、一九八三年に宗旨替えをするまでは、私もかなり頑固な「鎖国」論者でした。大学院に進学して、山口啓二先生の院ゼミに参加、先生から田中健夫先生の「海禁」論について報告するよう指示されました。その時の私の報告は、田中先生は「鎖国」論の意義を理解しておられないという趣旨の、まるで、後年私が「鎖国」批判に転向してから直面することになる、類型的な反論や批判とよく似た内容の報告をしたように記憶しています。それを聴かれる山口先生の少し困ったような表情をよく想い出すのですが、未だに先生のあの表情の意味は解りません。実は、山口先生も尾藤先生も、亡くなるまで「鎖国」論者であったのですが、私の提案については、一言も苦情等は口にされませんでした。私が山口ゼミ(院ゼミ)で初めて「海禁・華夷秩序」論を報告し終わった時、先生がしばらく首を左右に振って思案された後、「うむ、面白い！」と仰《おっしゃ》ってくださったこと、田中健夫先生の追悼の会の折に、いつものおだやかな表情で「鎖国」は「鎖国」ですけどね、と言って、さっと離れて行かれたこと等《など》を想い出します。それらの事についての私の思いは別に書きましたので、ここでは省略して、まずは三先生への深い感謝の思いを改めて書くに留めます。

私は卒業論文で、一七世紀後半から一八世紀一〇年代の長崎周辺で発生した「抜荷《ぬけに》」(密貿易)と正徳新例(一七一五年)との関係性を、都市長崎(長崎市民)の階層構造の変化を通して明らかにすることを試みました。図らずも、密貿易という事例を素材に、国際関係における権力と一般市民(あるいは「国民」)との対抗関係を扱うことになり、それで得た知見は今でも私の海禁論を支える原体験の一つとなっています。あらためて説明する必要はないかもしれませんが、「海禁」とは「下海通蕃の禁」(明律)の略で、「人臣」(臣下人民)が許可なく海外に出たり、外国人と交際することを禁止するという意味の歴史用語で、かつて一部で言われたようにいわゆる「鎖国」という言葉の単なる置き換えではありません。

当時の近世長崎の研究はいわゆる貿易制度史が中心でしたが、それらの研究について私は、制度それ自体の変遷には詳しいものの、その制度と長崎市民の生活との関連についての記述は薄い、と感じていました。しかし長崎に史料調査に発つ直前に、中村質《ただす》先生の「長崎地下《じげ》配分」(貿易利潤を長崎市民へ分配する制度)に関する論文を知り、それをコピーしながら目を通すうちに、それまで漠然と考えていた課題がほとんど果たされていることを知り、自分の顔色が青ざめるのを感じました。そのために、長崎での史料調査も手探り状態が続き、長崎を発つ頃にようやく抜荷と正徳新例との関係性に的《テーマ》を絞ることができました。この時期の『長崎犯科帳』(長崎奉行所の犯罪と処罰の記録)は「抜荷」に関する記事が豊富で、それらの記述を補完する史料、例えば一七世紀後半の町触《まちぶれ》集(『令達書』)や本博多町《ほんはかたまち》の町乙名《おとな》(他地域の町名主に当たる)の日記(『寛宝日記』)などのコピーを、県立図書館や市立博物館の方々のご厚意で入手できたことも、幸いでした。

それらを読み、分析する作業を通じて知ったのは、「抜荷」に赴く市民たちの、自らの行為が生活を守るための戦いであり、それは武士が戦場に赴くのと同じであるという気概、いわゆる「身分」を相対化するしたたかな自意識と振舞い・言動、さらに彼らの活動が実際に政治を動かし、正徳新例という成果を生んだという史実についての確信でした。しかし先に、卒論で得た確信が後に私が田中先生の海禁論を受け入れる原体験の一つとなったと言いましたが、そのことに私が気づくためには、実はまだ数年の時間と回り道が必要でした。

さて、大学院進学後に山口ゼミで私が与えられたテーマは、近世日本の外交権の構造を明らかにすることでした。私自身も、そのテーマを与えられ、それが漠然とながら卒論で見通せなかった主題《テーマ》の一つと感じたことは確かでした。しかしそれを、どういう形で具体化したらいいのか解らない。暗中模索のままに一年が過ぎ、とりあえず、長崎ではなく、対馬藩を素材にすることにしました。関係相手が朝鮮一国で一つの藩が担当しているので、構造が見えやすい(のではないか)と考えたからです。

幸い東大の史料編纂所には、未整理ながら日朝関係を「家役《いえやく》」(「家業《かぎょう》」とも言う)としていた対馬藩江戸藩邸の史料群が所蔵されていました。同文書は未整理のため一般の閲覧は許されていなかったのですが、所員なら閲覧可能ということで、山口先生をはじめ、小野正雄先生・宮地正人氏・高埜利彦氏など、維新史料部の方々のサポートのおかげで、閲覧できました。その恩返しの気持ちもあり、史料編纂所入所後に志願して、その史料群の整理を始め、私が同所を退職した後にも鶴田啓氏らの手で整理が続けられ、完了して、今では公開されています。

さて、宗家・対馬藩について調査を進めるうちに、宗家が、大名のなかでも格別多く幕府の財政援助を受けており、それは朝鮮貿易が不調になる一七世紀末に始まり、幕末におよぶことに気がつきました。江戸藩邸の史料には同藩の幕府援助を求める訴訟に関する記録が多く残されており、それらから以下の二点が明らかになりました。

一つは、近世には海外に向けて開かれた四つの窓口があり、それを対馬藩側は「口《くち》」と呼び、訴訟の際も常に他の三「口」と比較しながら訴訟を進めたことです。三「口」とは、長崎口＝中国・オランダ関係、薩摩口＝琉球関係、松前口＝蝦夷地(アイヌ等の先住民)との関係で、対馬口＝朝鮮を合わせて、「四つの口」というわけです。

二つは、これら「四つの口」は、特権を与えられた一都市(幕府直轄都市長崎)と三つの藩(対馬・島津・松前)が、それぞれに対峙する国・地域との関係を独占的に管掌することを「役」(いわゆる「軍役」)として請負い、幕府がそれらの国際関係全体を統括する、という構造になっていたことです。比喩的に言うならば、幕府を頂点とする軍役体系が、「四つの口」を介して海外世界との外交・貿易等の国際関係を統轄・運営しているという構図です。

こうして私は、対馬藩宗家史料を読むうちに、「四つの口」、つまり近世日本では四ヵ所海外に向けて開かれた「口」が機能していたという史実に気づいたのでした。しかしその段階では、私はまだ「鎖国下の四つの口」という表現の矛盾には気づいていませんでした。矛盾とは、「口が開いている」(つまり、国際関係がある・開いている)

という史実と「鎖国」(国を閉ざしている)という表現が相反する関係にあるという至極単純なことです。迂闊なことに私も、当面は「四つの口」という提言が受け入れられたことに単純に満足して、しばらくはその矛盾には気づかなかったのです。

二　「鎖国」論から「海禁・華夷秩序」論へ

しかしほどなく私は、その矛盾に正面から取り組まなければならなくなりました。一九八二年に日本の歴史教科書における近現代日本によるアジア侵略に関する記述に対して、中国・韓国・東南アジア諸国などの周辺諸国から強い批判がありました。「歴研」(歴史学研究会)はそれを深刻に受け止め、八三年の全体会のテーマを「東アジアの再編と民衆意識」とし、報告者の一人に選ばれた私に与えられた課題が、「鎖国」していたはずの日本が幕末維新期に侵略性を持つようになったのは何故か、でした。私は修士論文(一九七六年度)で、江戸時代の文久期(一八六〇年代初め)に、対馬藩が、後の征韓論の原型のような提言を幕府にしていたことを確認していました。そのことを踏まえれば報告が作れそうだと思い、かつ報告の準備には現在も活動を続けている前近代対外関係史研究会の支援が期待できると考えて、引き受けたのですが、かねがね田中先生が、論文などの依頼はできるだけ断るなと仰《おつしや》っていたことも、背中を押してくれました。

ここで、先ず近世の国際関係の実態を確認しておきます。そのために、「図1 一八世紀頃の東アジアの国際秩序(概念図)」(本書九七頁)・「図2 一七世紀後半〜一九世紀半ばの東アジア貿易と日本」(本書一〇三頁)、さらに「表4 人口・耕地・実収石高の推移(推定)」(本書一〇四頁)を準備しました。

図1からは、以下の五点が確認できます。

(1) 近世日本には海外に向けて開かれた四つの窓口(四つの口)がありました。すなわち、長崎口＝中国・オランダ関係、対馬口＝朝鮮、薩摩口＝琉球、松前口＝蝦夷地(アイヌ等の先住民)です。「四つの口」という用語は、私の発案ですが、今では日本史の教科書にも載っています。

(2) これら「四つの口」での国際関係は、「通信」・「通商」・「撫育《ぶいく》」という三つのカテゴリーに分けられ、それぞれに対応する関係が設定されていました。「通信」(朝鮮・琉球)は、国家主権者(徳川将軍と朝鮮・琉球国王)との「通信」(友好・交隣関係)を前提とする外交・貿易関係で、その関係の表象として、朝鮮からは通信使(前後一二回)、琉球からは謝恩使(国王の襲封を謝す)・慶賀使(将軍の襲職を賀す)(併せて一八回)が、それぞれ来日しました。

(3)「四つの口」においては、特権を与えられた一都市(幕府直轄都市長崎)と三藩が、それぞれに対峙する国・地域との関係を独占的に担うことを「役」として請負い、それからの「所務《しょむ》」(貿易利潤等の諸利益)を「知行《ちぎょう》」同然に独占することを許されていました。例えば対馬藩は、貿易を他藩における「知行」同然と捉え、朝鮮貿易の衰退=「知行」の削減というタテマエで、貿易の衰退は他藩における「知行」の減少と同じとして、減少分の財政援助を幕府に求めたのです。幕府自身が対馬藩の主張をそのまま認めた、あるいは、文字通りにそのように語ったことを直接に示す史料はまだ見つかっていませんが、同藩の嘆願通りに財政援助を始め、それを幕末まで継続した実態を踏まえると、実質的には――あるいは結果として――同藩の言い分を認めた形です。他の三「口」でも、同様のことがありました。さもないと海禁・華夷秩序体制――すなわち当時の国際関係――全体の破綻につながりかねなかったからです。

(4)この「役」は「異国押えの役」という一種の軍役と認識されており、それぞれが関係する相手(長崎=中国・オランダ、およびその他、対馬=朝鮮、松前=蝦夷地(アイヌ等先住民族)、薩摩=琉球/琉球=中国)との関係を「押える」(支配・維持し、平和を保つ)とともに、その「口」を通じての人・モノ・情報の流通を管理する役割が課されていました。通常は、貿易＝利得と単純化して考えられがちですが、貿易が不調な場合は、その「口」の担当者(一都市と三大名)はその責任を問われました。それは、他の大名が所領の維持・管理に責任を負い、一揆などの問題を起こした場合には「改易」などの処罰もありえた、ということに通底しています。

(5) さらに、山口先生からの課題＝外交権のあり様如何という問題については、幕府は外交権全体を掌握し、それぞれの「口」の国際関係の実務は、一都市(長崎)と三大名(対馬＝宗、薩摩＝島津、蝦夷地＝松前)が「軍役」として担う、という解答を導き出すことができました(ただし、長崎については幕府直轄都市として担う都市役)。すなわち、幕府の直轄都市長崎については将軍の代理＝奉行が駐在して直接統轄し、他の三「口」については、各大名に維持・管理させ、その全体を将軍が封建的主従制(御恩と奉公)の関係を通して統括していた、ということです。

こうして私は、修士論文の作成を通じて、「四つの口」と「異国押えの役」という二つのキーワードで、近世日本の外交権の権力構造を軍役論を軸とする「役」の体系として描き、一九七八年度の歴研大会近世史部会で報告することができたのでした。

以上のことから、当時の「四つの口」における国際関係は、徳川将軍と三大名(宗＝対馬、島津＝薩摩、松前＝蝦夷地)と一都市(長崎)との封建的主従制(御恩と奉公)の関係を通じて、管理・運営されていたと観ることができます。「御恩」が、それぞれの「口」の領有とそのことによって得られる貿易などの「所務」(諸利益)であり、「奉公」が、それぞれが対峙する国および地域との関係を「押える」(平和を維持する)軍役ということになります。

しかしこの段階では、私はまだ「鎖国」概念の問題性に気づいておらず、上述のようにかなり頑固な鎖国論者でもあったので、ほどなく流布し始めた「鎖国下の四つの口」という表現の明らかな形容矛盾にも気づいていませんでした。形容矛盾とは、既述のように「四つの口」が開いている(海外との外交・貿易関係がある)のに、「鎖国《くにをとざ》」していると表現していることですが、これについては後で述べることにして、図2で、当時の貿易構造を見ておきましょう。

この図は、「四つの口」を通じた貿易と貿易品の変遷をまとめたものです。この図から、以下の四つの論点が確認できます。

(1)「四つの口」を通じて周辺地域と人・モノ・情報の交流があり、モノの交流(あるいは交換)の中心をなすのが貿易ということになります。それぞれの「口」には、大きく分けて、三つの異なった位相と広がりを持った貿易関係がありました。例えば、対馬口を例にとると、朝鮮・対馬間⑤、朝鮮・日本間④、中国・朝鮮・日本間③、の三つの貿易ルートが、それぞれ背後に持つ地域と人々の営みを媒介し、さまざまな商品と情報が流通していました。言い換えれば、これらのルートを通じて、日本人の日々の営みは、隣接する東アジアの国・地域、さらに、それらの国・地域に媒介されて、その外の地球的世界とも緩やかにつながっていたということです。近世日本も、近代ほど直接ではないにしても、グローバルな関係性のなかで息づいていたと言えるのです。

(2) これら「四つの口」の貿易は、いずれも、それぞれの「口」に媒介されながら、日本と中国の市場をつないでいたということです。特に、一七世紀末までの日本(の支配層)にとっては、彼らの権威の表象である衣服の素材となる中国産の高級生糸(白糸《しろいと》)は、国産できない貴重な輸入品であり、一六世紀初めの日本では、中国での購入価格の一〇倍の値段で取引される商品になっていました。ちなみに、当時来日したヨーロッパ系の貿易船が運んだ主な商品もほぼ同じものでした。彼らが本国から持ちこんだ毛織物等は温暖な東シナ海域では需要が低く、中国産生糸と日本産銀の交換を軸とする日中間の貿易ルートに割りこむことでしか、彼らはこの地域に定着できなかったのです。彼らが当時の東シナ海域に定着するために、この海域の華人ネットワークに依存せざるをえなかった理由の一つは、この点にありました。またそれが、一九世紀後半以後に東アジアに殺到した欧米勢力との歴史的性格の違いでもあります。

(3)　それぞれの「口」での貿易内容が、時代につれて変わっていることです。例えば、長崎の中国船(唐船)貿易を見ると、輸入品が生糸・絹織物から絹織物・薬種等へ、輸出品が銀から銅・海産物へ、という風に。同じような変化は、他の「三口」でも、ほぼ一七世紀末から一八世紀初めにかけて起きています。この変化の特徴は、大まかに言って、貿易品が、遠隔地間貿易に適した利益率の高い支配層あるいは富裕層向けの高級品(生糸・銀・高級香料など)から、一般市民をも対象とする民生品(銅・砂糖・薬種など)へ転換したことです。その背景には、表4に見られる、近世における経済成長と人口・耕地・生産力の増大という現象、さらにそれにともなう、いわゆる元禄文化(一七世紀末)や化政文化(一九世紀前半)に見られるような、日本人全体の生活水準と文化の向上、それに対応する民生的な商品(砂糖・昆布等々)に対する需要の増大がありました。すなわち、生産力の向上＝経済成長にともなう庶民レヴェルの生活の向上があり、それがより広い階層の生活必需品に対する需要を増大させるなどして、近世のうちに自生的に近代の礎《いしずえ》を作ったと考えられるのです。

(4)　それとともに忘れてならないことは、生産地、すなわち、黒糖の奄美・琉球(特に奄美)、海産物(輸出用の昆布・商品作物の魚肥)の蝦夷地で、それぞれの住民たち(奄美・琉球の住民、蝦夷地の先住民)が、そのための過酷な収奪のもとに置かれ、苦しむことになったという現実です。国内の経済発展をアウタルキー(自給自足経済)＝「鎖国」のもとでの農民たちの労苦(粒粒辛苦)の賜物だけに帰することは、その発展がこれら従属地域の人々に対する過酷な収奪と構造的につながっていたことを見落とすこと、すなわち歴史から重要なリアリティの一つを見失うことになります。私が「鎖国」＝アウタルキーという観方に賛成できない主要な理由の一つがこれです。

以上のことは、近世日本が、政治はもちろん文化・社会レヴェルにおいても、周辺地域との密接な関係性のなかで生きていたということを示しており、それは「鎖国」観には到底合理的に組みこむことのできない史実です。

その実態を、一九世紀前半の日本で、長崎出島のオランダ商館付きの医師として七年間滞在し、日本と周辺地域・諸国との関係を詳しく調べた、著名なフランツ・フォン・シーボルト(一七九六―一八六六)は、その報告書で次のように述べています。

> 日本は現在、①広い意味で一個の世界を形成しており、②ヨーロッパとの貿易がなくても国民の繁栄を損うことなく存立できる。③中国との貿易はとるに足りないものであるが、これによってその他の旧世界とのつながりを十分保持できるし、また国民が慣用している外国からの必需品は十分間に合う。それがなければ《(ないとしても)》、日本には外国貿易がまったくないというわけではない。④朝鮮・琉球・蝦夷・千島などの保護国および近隣諸国を植民地として、これらと盛んに貿易を行っている。
>
> (シーボルト『日本』第四巻一七一~七四頁、傍線・ルビ荒野)

まず、傍線部分①、日本が「広い意味で一個の世界」を形成している、という記述に注目しましょう。その「世界」は④「朝鮮・琉球・蝦夷・千島などの保護国および近隣諸国」から構成されている、とシーボルトは述べています。近世に来日したヨーロッパ人は、おおむね、徳川将軍を「皇帝」Kaizer(独)・Keiser(蘭)と呼んでいるので、「一個の世界」とは、いわゆる「帝国」をイメージした言葉と考えてよいでしょう。次に、②③は、彼と同時代の欧米で流布し、かつ「鎖国」日本は、世界から孤立して、次第に衰微していくに違いない(従って、「鎖国」は得策ではなく、強制的にでも「開国」させるのが日本のため)という言説が事実に反するという指摘でもあります。

つまり、シーボルトは、私が提示する程度の近世日本の国際関係の実態は十分に認識していたということになります。実は、元禄時代の日本に滞在して、帰国後『日本誌 *The History of Japan*』(一七二七年)を書いたE・ケンペル(一六五一―一七一六)も、シーボルトより約一世紀前にほぼ同じ認識を書き残しています。

もちろん、ケンペルとシーボルトとでは、同じく日本を「鎖国」と見なしながら、大きく違う点があります。ケンペルが日本の「鎖国」を国家の平和と安定の要因として肯定しているのに対して、シーボルトは上記②のような認識を示しながら、欧米の主張する「自由貿易」が当時の世界の趨勢なので、いずれ日本は「鎖国」を止めて「開国」を迫られる時が来る、であるならばその道はオランダがつけるべきだとして、国王に、日本に対する開国を勧告します。それを受けて、一八四四年にオランダ国王は、それまでの商船ではなく、国王直々の使者であることを示すべく、軍艦を仕立てて開国勧告の使者を日本に派遣したのでした。つまり、近世日本を一種の理想郷として描いたケンペルの時代からシーボルトの時代までの約一世紀の間に変わったのは、欧米世界の自他認識だったのです。

その間に日本は、自己を中心とした周辺諸国・地域との関係性＝日本型小帝国を、ヨーロッパや中国との関係がなくてもその繁栄を維持できるまでに成熟させており、それが日本の近代化の基盤を準備したのです。

次に、実態としてはこのような国際関係を持つ国家の在り方が、なぜ、どのような経緯で「鎖国」と呼ばれるようになったのかについて述べなければなりませんが、その前に、近世の日本人が自国をどのように認識していたかを確認しておきましょう。

三　「小帝国」近世日本と「海禁」

さて、近世の日本人は自国をどのように見ていたのでしょうか。初めに述べたように、日本国民が一般に近世＝「鎖国」と観る、あるいは、「近世」・「江戸時代」について「鎖国」という言葉を、半ば反射的あるいは皮膚感覚として思い浮かべるようになるのは一九世紀末のことです。ではそれ以前は、どのように捉えていたのでしょうか。私は、それを「小帝国」と「海禁」という二つのキーワードに要約できると考えています。

まず、「小帝国」ということについて説明します。近世日本を「帝国」と観るアイデアは、私のオリジナルではなく、平川新さん・豊見山和行さんなどが提案されたことです。数年前、ある機会に私は豊見山さんに、彼の「帝国」観について、直接「どうですか?」と訊かれて、「うん、面白いね、考えてみる」と答えたのですが、実は、彼の問いかけによって、それまでもやもやしていた視界が突然開かれた感じがして、その時すでに半ば同意していたのでした。豊見山さんの打診で、まず私が思い浮かべたのは、一六一〇年に、徳川家康の意を受けて、本多正純が福建総督宛てに送ったとされる次の史料です(以心崇伝『異国日記』)。

方今吾日本国主源家康、一統闔国、撫育諸島、左右文武、経緯綱常、遵往古之遺法、鑑旧時之炯戒、邦富民、殷而積九年之蓄、風移俗易、而追三代之跡、其化之所及、朝鮮、安南、交趾、占城、暹羅、呂宋、西洋、柬埔寨等蛮夷之君長酋帥、各無不上書輸宝、由是益慕中華、而求和平之意、無忘于懐、

〔大意〕最近「日本国主源家康」が日本を統一し、秩序を回復して九年が経ち、①、その「化」(影響・徳)は「朝鮮・安南・交趾・占城・暹羅・呂宋・西

洋・東埔寨等の蛮夷の君長・酋帥」に及び、いずれも書を奉り、宝を運んでくる②、これによりますます「中華」との「和平」を求める気持ちが募る③。

私は、特に、この史料のうちの「周辺諸国を服属させ、朝貢を受けている」という文言②がまさに「帝国」をイメージさせると感じていました。それに関連して、一八世紀半ば頃から蘭学者たちが、同時代の世界の五つあるいは六つの帝国と並べて自国をそのうちの一つとしていることも想起しました。これらの史実を踏まえて私は、近世日本の国家形態を、「海禁・華夷秩序」を編成原理とする「日本型小帝国」と呼ぶことにしました。日本型としたのは、日本の場合王権が「天皇―将軍」という公武連携によって担われていた――つまり、将軍権力だけで自立できず、天皇という存在を必要とした――という日本的な特質を持っていたと私は考えているからです。なお、③からは、既述のように、明と並ぶ帝国として東アジアの平和を実現している（あるいは、それを維持したい）というメッセージを読み取ることもできます。

この文書はその年に来日した華人商人に託したとされていますが、中国側から応答したという記録はありません。当時明政府が日本に対して「海禁」（日本との往来禁止）政策をとっていたことを考慮すれば、託された商人がその書簡を帰国後明政府に提出したとも考えられません。一六二〇年代になると、明との国交回復の見込みがないことがほぼ明らかとなり、秀忠政権は「国体」(国の体面、あるいはメンツ)を守るために、「中華」(明を頂点とする国際秩序)から距離を置いて、あるいはそれから自立すべく、自らを中心とする国際秩序(日本型華夷秩序)の構築に向けて舵を切ります。

国交回復を断念すれば中国からの貿易船の来航も禁止するのがタテマエですが、当時の国内経済・社会・文化等における中国からの輸入品(高級生糸等)の重要性を勘案すると、華人による貿易そのものを断絶させることはできなかったはずです。そこで同政権は、彼らの来航を禁じる代わりに、自らは直接関わらない「通商」＝商人レヴェルの関係として黙認することで、貿易ルートを温存し、「非自給物資」、すなわち国産できないが国内で欠くことのできない商品を確保しつつ、自らの国際的体面を保つという方針に転換したように見えます。政府同士の関係(外交、あるいは「通信」)は断ち、その一方で民間レヴェルの貿易関係だけは維持するという便法です。国際紛争に発展する可能性の高い外交関係は避けながら、実質＝貿易関係だけは維持するというのは、現在でも日本と台湾との関係に見られるように、無用な紛争を避けるために適用される便法と考えることができます。

徳川政権がこのような便法をとったのは、先の史料②に見られるように、家康以来の貿易振興策の結果、当時の日本にとって必要な非自給物資はほぼ補われるような状態に達しており、国際関係において残る課題は、キリスト教問題と「国体」(国家の体面)問題に絞られていたためと考えられます。

その状況を具体的に見るために、次の**図3・4**を作成しました。図3は、現在地名として残っているか、史料や文献によって確かめられる「唐人」の名が冠せられた町や街路の所在地とポルトガル・スペイン船の来航地を、九州を中心に地図に落としたものです。これらの唐人町が形成されたのは、一六世紀半ばの明軍の大規模な掃討作戦によって、双嶼《そうしょ》など中国沿岸部の密貿易の拠点が壊滅し、そのリーダー(倭寇の頭《とう》領《りょう》)たちがこれらの地に出会《であい》貿易の拠点を移したためです。その背景には、彼らとそれらの港市を領内に持つ戦国大名等との密接な関係がありました。例えば、鉄砲を伝えたポルトガル人を種子島に運んだジャンク船の船主としても知られる倭寇の頭領王直(?—一五五九)が、先ず拠点を中国沿岸から五島に移し、次いで平戸の大名松浦《まつら》氏の招致で平戸に移り、それ以後平戸が貿易で「西国一」の賑わいを見せるようになったことはよく知られています。平戸が大名松浦氏の城下町としての体裁を整えるのもこの時期です。九州を中心とする西日本の諸大名が、王直ら倭寇の頭領たちを招致したのは、現在の地方自治体の企業誘致によく似ていると私は観察しています。

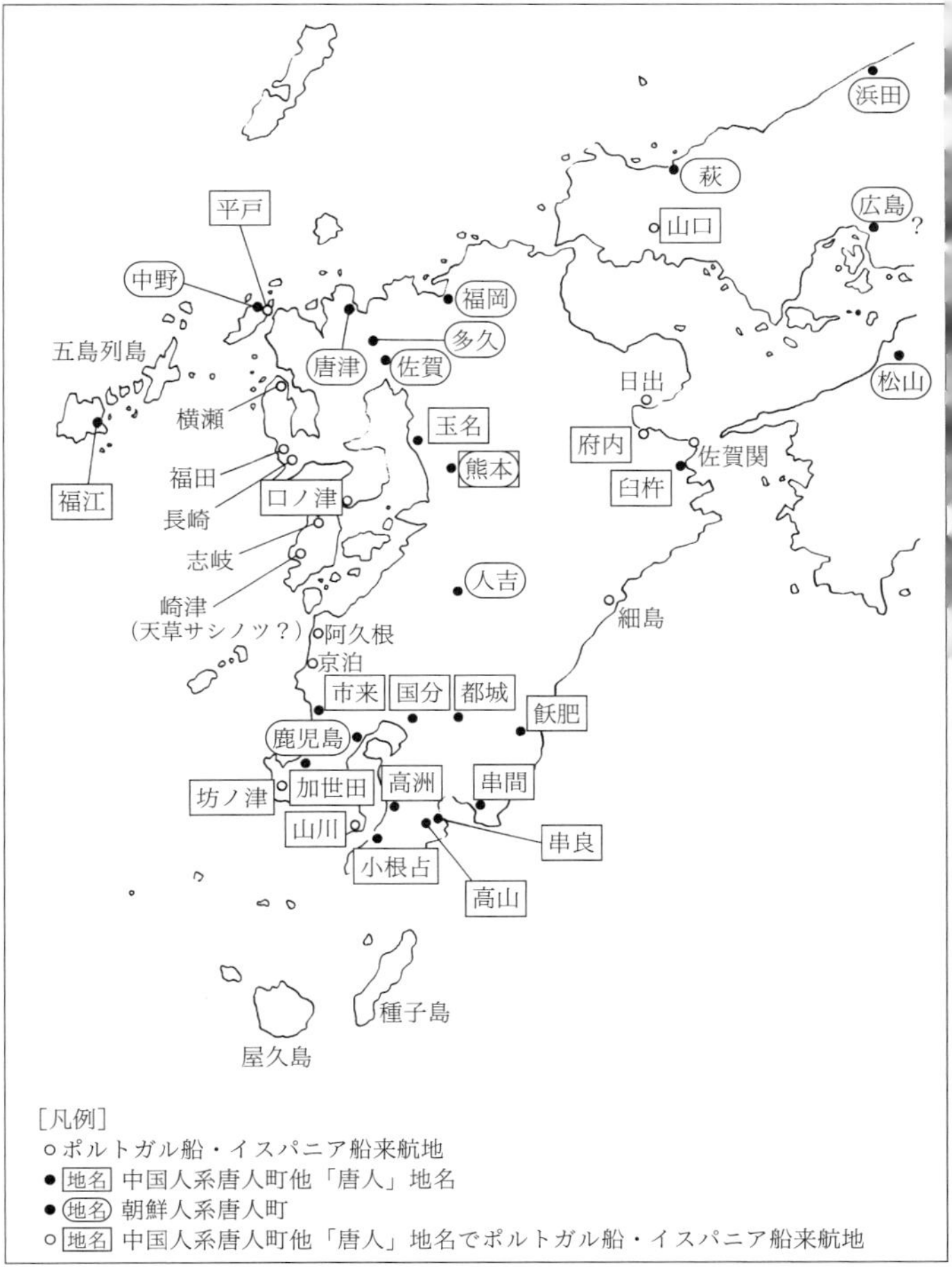

図3 南西日本の唐人町とポルトガル・スペイン(荒野・2003)

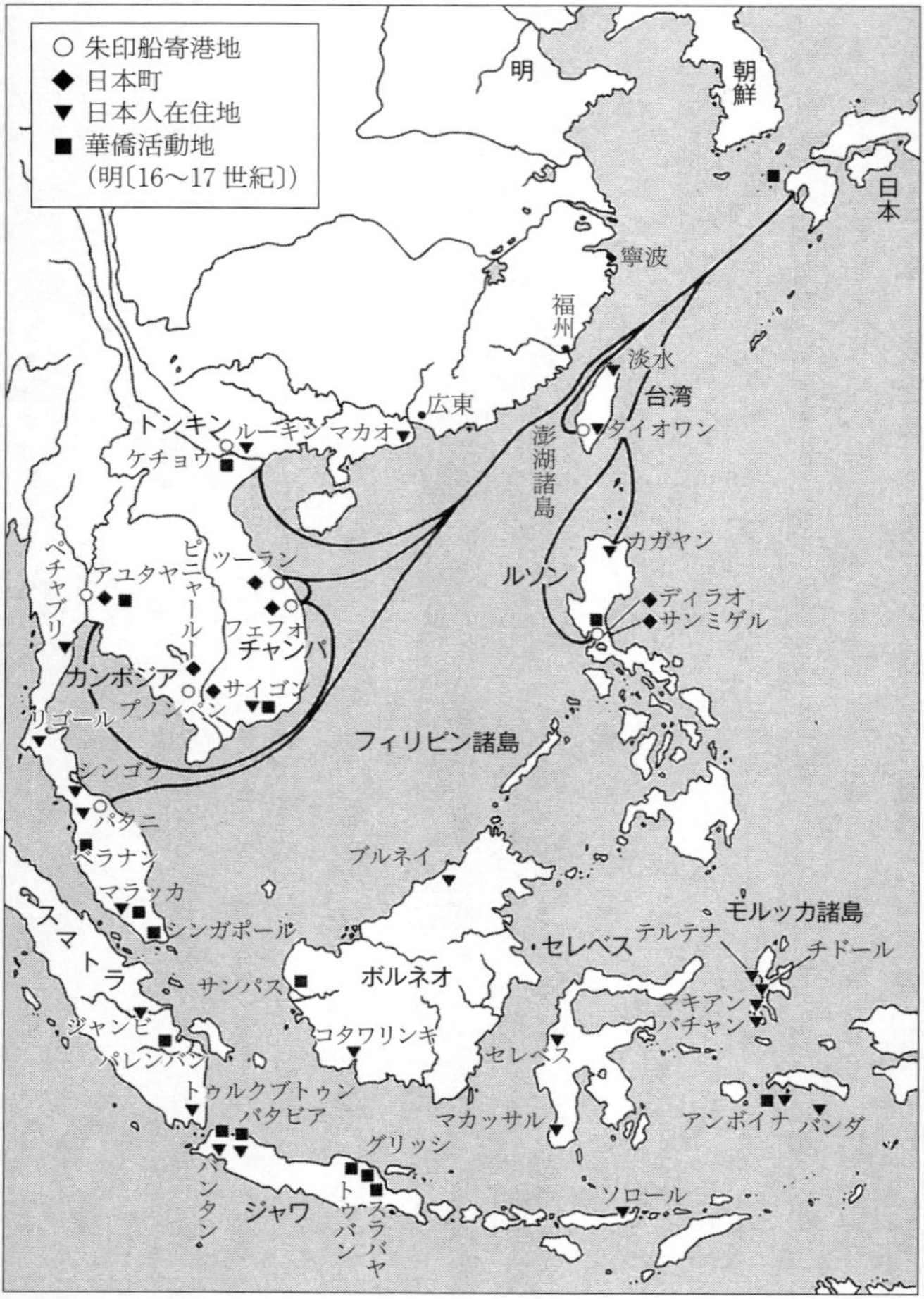

図 4　朱印船航路図と東南アジアの日本町・唐人町(荒野・2003)

こうしてこれらの唐人町は、中国沿岸部の港市を起点に東南アジアから日本までの海域をカヴァーする、華人の交易ネットワークと日本市場との接点になり、貿易のみでなく、人や文化・情報などの交流のセンターとなりました。こうして、種子島への鉄砲伝来(一五四三年)やフランシスコ・ザヴィエルのキリスト教日本布教の開始(一五四九年)など、一六世紀前半に東回りと西回りでこの海域に到達したヨーロッパ勢力が、ほどなく日本にも姿を見せることになります。

図4は、徳川幕府が朱印船制度を設定して以後の、朱印船、さらに奉書船の東南アジアへの渡航ルートと東南アジア各地の港市に形成された日本町と華僑の活動拠点(いわゆる唐人町)を地図に落としたものです。九州各地の唐人町といわゆる南洋日本町とは、私の提言している倭寇的状況が生んだ双生児《ふたご》と言ってもよいでしょう。倭寇的状況とは、「シナ海域」(東アジアから東南アジアにかけての海域)の地域間交流を「倭寇的勢力」が担い、その勢力同士の抗争や旧体制(明・朝鮮・琉球等)・新興国家(日本の統一政権や清)との軋轢などを経ながら、地域全体として新たな国際秩序の構築に向かって行った状況を指し、一六世紀前半に端を発し一八世紀初めの正徳新例を契機として、日中政府の間に相互の関係を「通商」(「商人」レヴェルの「貿易」)関係とすることについての合意が成立することによって収束します。

倭寇的勢力とは、後期倭寇の主体だった華人の他に、日本人・ヨーロッパ勢力（ポルトガル・スペイン・オランダ・イギリス等）などこの海域で外交・貿易活動を行なった諸勢力を指します。一六世紀半ばには機能不全に陥っていた公的貿易体制（明を頂点とする朝貢貿易体制等）に代わって、華人の貿易ネットワークによる密貿易（中継ぎ貿易、あるいは出会貿易）がこの地域の交流を担うようになり、それが彼らにこの貿易ネットワークに参加する機会を与えたのでした。こうして、当時の世界の銀生産の三分の一を占めたと言われる日本銀の他に、ヨーロッパ人によって中南米やヨーロッパ産の銀もこの海域にもたらされ、未曽有の経済的な活況を生み出し、それが新しい東アジアの国際関係を再構築する原動力となりました。それとともに、中世以来のシナ海域における華人勢力の圧倒的な地位と役割が、日本人やヨーロッパ人など倭寇的勢力によって相対化されていきます。図4に見られる朱印船の活動はその一例です。

しかし周知のように、朱印船制度は、キリスト教の悪影響と国際紛争を防止するために、一六三五年の、いわゆる「日本人の海外渡航の禁止」（実は、東南アジア方面への出航禁止＝奉書船の廃止）によって跡を絶ちますが、同じ年に幕府は唐船の寄港地を長崎に限定します。さらに、島原・天草の乱（一六三七・三八年）を契機にポルトガルと断交し（一六三九年）、他方でその欠損分を補うだけの力量を示し、かつこの乱の鎮圧に協力して「忠誠」を示した唐船とオランダ(東インド会社)を、シナ海貿易の担い手として残し、かつオランダを平戸から長崎出島に移転させ(一六四一年)、両勢力を長崎奉行の管轄下に置いたのでした(来航唐船の統制が完成するのは唐人屋敷の設定：一六八九年、による)。こうして、「唐」(「華人」系の貿易船)とオランダ(東インド会社)が幕府への「奉公」として、シナ海貿易を担うことになりました。かつ、それと軌を一にして、他の三口での国際関係(対馬＝朝鮮、薩摩＝琉球、松前＝蝦夷地)も、それぞれの大名(藩)が「家役」として請負い、その所務を「知行」同然に安堵されるという体制が一六四〇年代初めにほぼ整備されたのでした(図1・2参照)。

その経緯で確認できるのは、かつて言われたような、いわゆるオランダの策謀によって「鎖国」に追い込まれた幕府ではなく、当時の世界情勢を踏まえながら、自らの政策意図――キリスト教の排除とシナ海貿易ルートの確保――を実現していく徳川政権のしたたかな外交力です。その結果日本は、持続する国内外の平和のもとで、すでに述べたように、表4に見られるような経済的成長を実現し、固有の文化・社会を成熟させていったのです。一七世紀末のいわゆる元禄時代に出島のオランダ商館付き医師として二年間日本に滞在したドイツ人博物学者E・ケンペル(一六五一―一七一六)は、日本が「鎖国」していることの是非を論じた論文の結論部分で、次のように述べています(小堀・一九七四)。

この民は、習俗、道徳、技芸、立居振舞いの点で世界のどの国民にも立ちまさり、国内交易は繁盛し、肥沃な田畠に恵まれ、頑健強壮な肉体と豪胆な気象を持ち、生活必需品はありあまるほどに豊富であり、国内には不断の平和が続き、かくて世界でも稀に見るほどの幸福な国民である。もし日本国民の一人が彼の現在の境遇と昔の自由な時代とを比較してみた場合、あるいは祖国の歴史の太古の昔を顧みた場合、彼は、一人の君主の至高の意志によって統御され、海外の全世界との交通を一切断ち切られて完全な閉鎖状態に置かれている現在ほどに、国民の幸福がより良く実現している時代をば遂に見出すことは出来ないであろう。

この体制が一六四〇年代に構築されたことで、近世日本の「海禁・華夷秩序」体制は完成したと私は考えてきました。しかし最近私は、もう一つ、もっとも重要な論点を見落としていたことに気づいてしまいました。それは図3に見られる多数の唐人町が、当時の国際関係においてどのような意味を持ったかということです。これらの唐人町を形成した多数の来航唐人たちは、明政府の日本に対する海禁(日明間の往来の禁止)を犯した犯罪者＝いわゆる「倭寇」であり、彼らと親密な関係にある大名たちもその同類と見なされていたということです。つまり、明や朝鮮から見ると当時の日本は、「南海、あるいは南洋」(東南アジア地域)と同じく「華夷未分の地」(岩井・二〇一〇)、つまり華人と現地人(日本人など)とが自由に交わるいわゆる「諸民族雑居」の地となり、互いに連携・結託などして中国に対し良からぬことをたくらむ地域、いわゆる倭寇の巣窟と見えたであろうということです。

豊臣秀吉が九州に遠征して島津氏を屈服させた後に、いわゆる海賊停止令《ちょうじれい》(一五八八年)を出したことはよく知られています。この法令は、海賊行為そのものだけでなく、大名が華人の倭寇的な行為(大陸侵犯など)に加担することをも禁止したもので、いわゆる日本周辺において「海の平和」を実現するとともに(藤木・一九八五)、領主層のうち、特に大名と倭寇との連携を断って、倭寇を根絶することを意図したものと考えられます。倭寇対策はその発生以来日本が明・朝鮮などからその対策を求められてきた問題であり、その解決が、これらの国々と国際関係を結ぶための前提条件でもあったからです。かつては、秀吉の朝鮮侵略を根拠に、彼の国際感覚の欠如が取りざたされたこともありましたが、これらの事例は、そのような風評と違って、彼が周辺諸国との関係を正常化するために何が必要であるかをよく承知していたことを示しています。その跡を継いだ家康・秀忠も明との「勘合」(公的貿易関係)、あるいは国交回復を求め、それが実現しそうもないと見切った時に、既述のように、国交回復自体は断念しながら、戦争を回避するために実を取る、すなわち、華人の来航による民間レヴェルの貿易「通商」は黙認して、その貿易ルート自体は維持することを選んだと推測することができます。その点に、彼らが秀吉の失敗から学んだことの大きさが推測できるのではないでしょうか。

しかし貿易ルートは維持したものの、長崎に来航・滞在する華人の管理・統制は、既述のように、「国体」を守るために、長崎の町政組織を通じた間接的なものにせざるをえないという状態が続きました。その課題が解決されるのは、明清交代後の中国の内戦状態(具体的には、明の遺臣鄭氏政権の抗清運動)の終了にともなって「遷界令」が廃止され(展海令：一六八四年)、中国大陸から中国船が直接日本に来航することが許可されてからのことです。これによって、オランダ人の出島並みに、唐人屋敷を設定する(一六八九年)など、幕府は初めて直接来航唐人たちの管理・統制を行う名分を獲得したのでした。正徳新例(一七一五年)は直接唐人に説諭し——このようなことはそれまでないことでした——、いわゆる信牌問題に際してうろたえる幕閣に対して、政策の立案者新井白石(一六五七—一七二五)は毅然として、「天下の悪は一つのみ」(国は違っても悪は一つ)として「国法」(日本の法)を守るべき(つまり、国は違えどその国の法はそれぞれに尊重されるべき)と主張し、さらに、次のように述べるのです(『折りたく柴の記』)。

我我《われわが》国法に従わらさ《ざ》らん者の来る事を許さず、いかんそ《ぞ》又彼法を犯す者の来る事を免ずべき。

白石のこの言葉に、清朝の遷界令撤廃(一六八四年)が日本の政権にもたらした歴史的意義の大きさを見ることができるのではないでしょうか。既述のように、「彼法を犯す者の来る事」を「免」じ(黙認せ)ざるをえなかったのが、それまでの日本側の実情であり、清朝のこの政策転換によってようやくそのアポリア(難問)から解放されたということが確認できます。それを思うと、ここに引用した白石の言葉は、やや手前味噌という印象も否定できませんが、それ以上に彼が、あるいはその席では彼だけが、清の遷界令撤廃以後に開けた新たな局面とその歴史的意義を、認識していたのではないかと思われます。

なお信牌問題は、日本側の白石の、歴史的経緯を踏まえた上での毅然とした姿勢と、唐人屋敷の設定など日本における華人管理体制が整備された実態を踏まえた雍正帝の、日本に貿易目的で渡航する者はその地の法に従うべきというプラグマティックな裁断によって、最終的に解決されたのでした。こうして、日中関係において、おそらく史上初めて、いわゆる「通商」関係という新しいカテゴリーの国際関係が定着し、東アジアの国際社会における日本＝徳川政権の位置、すなわち国際的なアイデンティティも確定したと考えられるのです(図1参照)。日中政府間の外交関係が断絶してからすでに一世紀半余り経っていましたが、この後、その関係は日清修好条規(一八七一年)まで、約一五〇年間続くことになります。

ここで、近代になって公的に「鎖国」と呼ばれるようになる体制は、幕府の公式見解では「海禁」だったことを端的に示す史料を紹介しておきます。次に引用する、幕府の「正史」に当たる『徳川実紀』(一八〇九～四九年)の記事がそれです。すでに、田中健夫先生が紹介されている史料ですが、「鎖国」論を主張、あるいは支持する研究者たちからは、ほとんど無視されてきた史料です。

室町殿の頃国船を異域へ渡さるゝには。かならず勘合ありて。彼此相照してその符信とせしなり。さるに後々となりては騒乱打続きしより。かかる定制もなく。

国人等みだりに海に航して異国にをし渡り。強悍なるものは干戈を取てかの辺境を侵掠し。さらぬはひそかに貿易して私利をはかりしより。ⓐ海禁濫縦にしてをのづから異教をもうけ来る事となりぬ。当代耶蘇の査検おごそかに沙汰せられしに。まずこの制を立てられずばかなはじとやおぼしめしけむ。ⓑ寛永十三年五月長崎奉行榊原飛驒守職直に。老臣連署の下知状を授らる。其大略に云。今より異国に国船を遣はす事厳禁せらる。邦人ひそかに乗渡る者は死罪に処せらるべし。はた異国に渡り。彼地に永住せし者かへり来らば。斬に処せらるべしなど。種々仰下されし旨あり。ⓒ是よりしてわが船の他国へ往来する事絶はてヽ。わづかに沿海の地を漕輸するのみにて。海禁いと厳粛になりしなり。(傍線荒野)

このように、傍線を引いたⓐⓒに見られるように、一九世紀前半までの徳川政権の公式見解は、当時の国際関係の管理・統制の体制を「海禁」として、肯定的に捉えていたことが判りますが、その背景には長く続く平和とそのもとでの繁栄がありました。ただし、ⓒの「これ以来我が国の船が「異国」へ往来することが絶え」という記述は、正確ではありません。朝鮮・琉球・蝦夷地との往復は日常的にあったからです。この点については、一六三〇年代に四度(あるいは五度)発令された、いわゆる「鎖国令」

と呼ばれてきた「条々」は、この時期に新たに二人制とされた長崎奉行が、赴任地に赴く際に老中から与えられた業務指令書であり、いわゆる「鎖国」を命じた全国法令ではなかったという、山本博文氏が明らかにした史実が重要になります。それを踏まえると、その第一条で言う「異国渡海之禁」は、具体的には、奉書船(とその前の朱印船)の廃止であり、そこに言う「異国」はこれらの貿易船の渡航先、すなわち、東南アジア方面であることが明らかになります。つまり、この第一条は、すべての日本人の海外渡航すべてを禁じたものではないことが明らかになり、他の三口(蝦夷地・朝鮮・琉球)の「海外」との日本人の往来という史実とは抵触しないということが判ります。山本氏の指摘以前までのこの史料の誤読が、近世＝日本人の海外渡航の禁止という言説を生み、それが長く私たちの発想を縛ってきたのです。

なお、ⓑは、寛永一〇年(一六三三)から同一六年(一六三九)にわたって五回発令された、いわゆる「鎖国令」の四番目の「条々」で、前年(寛永一二年)に発令された、いわゆる日本人の「海外渡航の禁止」に加えて、「南蛮人」との混血児追放に関する二ヵ条をつけ加えたものです。「異国に国船を遣はす事」が厳禁されたのは、前年の三回目の「条々」であることなど、これらの禁令発令後二〇〇年ほど経って、幕府内部でもその認識がかなり曖昧になってきていることが判ります。しかしこの体制を

「海禁」と捉える通念は、『徳川実紀』のこの記事から、一九世紀前半には徳川政権の国際関係の管理・統制の体制についての公式見解となっていたことも明らかになります。

海禁とは、同時代の中国・朝鮮も採っていた、同時代の東アジアに普遍的だった国際関係の管理・統制のための体制で、「明律」(明代の基本的刑法典)には「下海通蕃の禁」、すなわち、「私人」(一般人、あるいは一般国民)が海外に出たり、外国人との交際を禁止することを意味しています。要するに、「私人」(一般国民)が自由に国際関係に関わることを禁じて、国家権力が国際関係を独占的に管理・運営することを意味しているのです。公的な任務を帯びた人物(例えば、幕府の使者など)が海外に出たり、外国人と交流することまで禁止しているわけではなく、「鎖国」、つまり、文字通りに「鎖国《くにをとざ》」していたわけではありません。当時の日本は、「鎖国」していたわけではないし、ましてや、当時の日本人がそのように考えていたわけでもないことは明らかです。従って、この時期のロシアの通商要求などの「外圧」に対応するなかで幕府が、「鎖国」を幕初以来の「祖法」と位置づけたとする、藤田覚氏らの、いわゆる「鎖国の祖法化」論は妥当ではありません。私自身の「鎖国」という言葉の定着過程の検討、さらには大島明秀氏のより詳細な検討によっても、「鎖国」という言葉が知識人の間で広く知られ、議論されるようになるのは、米国艦隊を率いるM・ペリーの圧力による和親条約の締結＝開港以後のことだからです。つまり、それ以前の時期に幕府＝徳川政権、あるいは幕藩権力が自らの体制を「鎖国」と呼ぶはずもありません。

しかし、幕初以来の国際関係の維持・管理の体制を「祖法」とする意識は存在し、それが長く続く「太平」(平和)という現実に支えられていたとするならば、早く田中健夫先生が指摘され、それを踏まえて私が提言してきた「海禁・華夷秩序」体制こそが、一八・一九世紀の交(移り変わる時期)に「祖法」と意識された実態と考えるのが妥当ではないでしょうか。

四　「海禁・華夷秩序」観から「鎖国・開国」言説へ

「鎖国」という言葉が、E・ケンペルの『日本誌 *The History of Japan*』(一七二七年)の付録の論文「当時の日本が国を鎖していることは是か非か」というテーマのオランダ語の論文を、元長崎通詞で天文学者でもあった志筑忠雄(一七六〇―一八〇六)が翻訳して『鎖国論』(一八〇一年)と名づけたことに始まります。これはすでによく知られた史実となっています。その内容は、先に引用したケンペルの論文の結論部分からも解るように、いわゆる「鎖国」を肯定する論でした。この書物は刊行されませんでしたが、ほどなく江戸にも紹介され、写本の形で流布し、当時の知識人(読者層)には、かなり知られてもいたようです。

しかしこの言葉の流布・伝播は緩やかで、この言葉が一般に広まり、知られるようになるのは、米国艦隊を率いたM・ペリー(一七九四—一八五八)によって幕府が和親条約を結んでからのことです。この事件によって幕府の威信が落ち、「鎖国」などの国政一般について一般人までもが大っぴらに議論する、いわゆる「処士《しょし》横議《おうぎ》」の風潮が起こります。それにともなって、「鎖国」という言葉が一般に知られ、いわば流行語として流布することになります。それとともに、もともと国を創《はじ》めるという意味しか持たなかった「開国」という言葉に、open country(国を開く)という意味が加わり、「鎖国」と「開国」、どちらが是か非かという議論が盛んに行われるなかで、これら二つの言葉が対《ペア》になって定着する一方で、それまで正当性を保っていた「海禁・華夷秩序」観は一気に影が薄くなっていきました。こうして東アジアの価値観から欧米流のそれへの転換が始まることになります。

しかしこの段階の議論は、「通商」が世界レヴェルで展開するご時世になったので、「開国」、つまり広く海外諸国と関係を結んで外交・貿易を展開するのが時流に合っている、従って、「鎖国」は時流に合わず得策ではない、すなわち時代遅れであるという論調が中心でした。まだ、是々非々の議論が支配的だったと言うことができます。

その様相が変わるのは、薩長土肥四藩を中心とした王政復古勢力が鳥羽伏見で幕府軍を破って、政権を握ってからです(以後、維新政権)。同政権はすぐに欧米諸国との「和親」の方針を示し、各国公使に旧幕府締結の条約をすべて引き継ぐことを通告し、それを受けて欧米六ヵ国(英米仏伊蘭普)は、内乱(戊辰戦争)における局外中立を布告します。さらに政府は国内に向けて、これらの諸国との和親の方針と各国公使の「参朝」(天皇の謁見)の許可を布告し、さらにキリスト教の禁止と外国人(欧米諸国人)への暴行行為の禁止などを布告しました(五榜の掲示)。同政府の招きに応じて、仏公使・蘭代理公使が参内・謁見し、刺客に襲われた英公使パークスも後日参内します(他の公使たちは、天皇の東幸後に謁見)。そして、一八六八年閏四月英公使パークスが大坂で天皇に信任状を提出し、天皇を主権者とする維新政府は正式に英国から認知されました。以後その他の欧米諸国が続き、同年末には局外中立も撤回しました。その後維新政府はその他のヨーロッパ諸国とも新たに通商条約を結び、六九年のオーストリア・ハンガリーとの修好通商航海条約締結によって、日本型の「不平等条約」体制が確立することになります。

しかしこの一連の経緯そのものが、維新政権の正当性が「天下の人」(国民諸階層)

から疑われる原因となります。この年から全国で一揆が続発し、発足したばかりの新政権の基盤が揺らぎ始めたのです。それを深刻に受け止めた岩倉具視は、新政府に提出した意見書で次のように述べています、すなわち、「天下の人」は王政復古後ただちに攘夷の令が下ると期待したが、あにはからんや、「和親」に転じ、欧米諸国の公使を参内させるなど、事態は旧幕時代より悪くなっている、かつての攘夷の主張は幕府を倒すための「謀略」だったのではないかとの議論が沸騰している、と。そして彼はそれを維新政権の「罪」であるとし、その対策として、今なぜ「和親」なのかということについての、いわゆる説明責任を果たすと同時に、領事裁判権などの不平等条約を改正して、幕府によって失われた「国威」を回復する、すなわち、「万国対峙」を実現することとしかないとします(「外交・会計・蝦夷地開拓意見書」『日本近代思想大系一二　対外観』岩波書店、一九八八年)。

これが、維新政権が、領事裁判権など条約の不平等な内容に、部分的ながら具体的に言及した最初とされています(三谷博、上記史料解題)。この段階で、ペリー来航による「開港」以来の「国威」の失墜という感覚と、領事裁判権などの不平等条約の具体的な内容が結びつき、「無知・無能」な幕府がペリーの恫喝によって結ばされた不平等条約という言説が定着するとともに、条約改正による国家主権の回復(万国対峙)

の実現という国家目標が具体的な形をとったのです。

同政権が廃藩置県を強行して、自らの基盤を固めたその年(一八七一年)に、条約改正の下交渉のために岩倉使節団が米・欧に旅立ちました。しかし同使節は本来の目的については米欧諸国から門前払い同然の扱いを受け、使命を欧米の制度・文物の調査・見分に切り替えて活動し、多くの成果を持って帰国しました。

その成果を受けて維新政権は、条約改正を達成するための前提条件として欧米諸国並みの近代国家の構築に、すなわち「万国対峙」の実現に向けて邁進することになります。現在も全国各地の近世以来の古文書を所蔵する旧家で、この折に維新政権が配布した「和親」の必要性を説くビラを見かけることは珍しくありません。それらに維新政権の危機意識の深刻さを見ることができますが、それが強ければ強いほど、不平等条約の不当さとそれを甘んじて受けた徳川政権の「無知・無能さ」がことさらに標的にされ、政権交代の必然性が強調され、それを担うべき存在としての維新政権の正当性が喧伝されることになります。

そして、近代化の成功が、人口の増殖・国民教育の隆盛・商工業の発達、貿易の隆盛、琉球の併合(いわゆる琉球処分)などの形で国民にも目に見えるようになるにつれて、「開港」は欧米諸国との関係を広げただけでなく、近代化の端緒であり、それは新たな国造りの始まりでもあった、つまり、本来の意味である「開国」＝新しい国造りでもあったという国民的な合意が調達され、いわゆる「開国」にともなう幕府から維新政権への政権交代が肯定されることになります(大隈重信『開国五十年史』一九〇七年)。それにともなって、幕末維新期には是々非々の評価だった「鎖国」・「開国」という二つの言葉が、負である「鎖国」と正としての「開国」が裏表で合わされるような形で、近世・近代の歴史の転換を肯定的に表象する、つまり、近世を貶《おとし》め近代を称揚する言説、私の言う「鎖国・開国」言説として一九世紀末には日本社会に定着し、現在に至っていると考えられるのです。

つい先ごろ、現首相の容喙で、当初有力視されていた九州地域のキリシタン関連の教会群が引き下げられ、代わりに明治維新・近代化関連の史跡がユネスコの世界文化遺産に推薦され、指定されたできごとなども、その言説がまだ力を失っていないことの証左と私は受けとめています。それは、小谷汪之氏が島崎藤村の作品の分析を通じて摘出され、近代日本人の「安堵感」と名づけられた心性と双子の兄弟のような形で、近代日本人の心に巣くっていて、現在も何かの折にはさも当たり前のように心の表面に出てきて、社会化されることも少なくありません。冒頭に挙げた某政治家の発言や、いわゆる「美しい日本」などという意味不明な言説もその事例の一つであり、それらを表象する人物や土地・場所・モノなどは、くりかえし、文学作品や映画・TV番組・漫画などで題材となり、歴史の論文や観光名所になったりもしてきました。この言説は現政権や日本社会のあり方を肯定する心性の中核、少なくともその一部を構成している、と言ってよいでしょう。「鎖国・開国」言説は、戦後の高度経済成長が終わり、バブルがはじけた今もなお、亡霊のように近現代日本人の想像力や思考力を縛っているようです。そのことをまず私たち国民が自覚する必要があり、そのために私ども歴史研究者の果たすべき役割はあると私は考えています。

4 終わりに——「鎖国・開国」言説の成立と定着

先に紹介したケンペルとシーボルトの記述を、長く私は忘れることができませんでした。かつてそれらを検討した際に、彼らが当時の日本が周辺諸国・地域と密接な関係を維持していたことを十分認識していたにもかかわらず、「鎖国」と断定した理由が理解できなかったからです。しかし彼らの言説をあらためて見直して、ようやく私なりの解答を見つけることができました。それについてお話しして、結びに代えたいと思います。

まず、彼らの議論の特徴を整理しましょう。彼らは、当時の日本の国際関係の在り方を、①日本「国民」の「出入国」(海外渡航と帰国)の禁止、②わずかに「出入国」を許された「オランダ・シナの商人」(中国人・オランダ人)が出島・唐人屋敷に「軟禁状態に置かれ、日本人との交流や共同生活」が断たれていること、③その他の「保護国」・「植民地」、すなわち「朝鮮・琉球・蝦夷・千島」との国際関係、の三つのカテゴリーに分けています。

①は、先に述べたように、具体的には奉書船(朱印船)の廃止を命じたものですが、当時の日本人も漠然とすべての海外渡航が禁止されたと受けとめ、オランダ人たちもそのように理解したと考えられます。しかし、すでに述べたように、この条項は、すべての日本人のすべての海外との往来を禁止したものではなく、東南アジア方面との往来のみを禁止したものでありました。②は、当時の日本側の位置づけも「通商」(外交を含まない貿易のみ)の関係であり、彼ら(唐・オランダ人)は、幕府との外交(政治的交渉)は許されず、幕府に対しては、「歴代の御被官」(徳川三代、すなわち、家康・秀忠・家光以来の家来、あるいは「臣下」)として、その貿易政策に奉仕させてもらっていることに対する謝恩のために、オランダについては、商館長が毎年江戸に参府して将軍に拝謁する、いわゆる江戸参府が、唐人(中国人)については、その代表が徳川家の祝日八朔(八月一日、すなわち、家康の関東入部の日)に奉行所を訪れ、将軍の名代長崎奉行に祝意と謝意を表する儀礼(八朔礼)が、それぞれに設定されていました。

朝鮮・琉球との、いわゆる「通信」(外交・貿易)関係が外交(政治的)関係を含んでいるのに対して、「通商」は、いわゆる「商人」同士の関係という社会的位置づけなので、幕府との対等な交渉は許されず、ただ従うのみ、もし申し立てたいことがあれば、対等な関係を前提とした交渉ではなく、上下関係を前提とした嘆願という形に限定されたのでした。

中国との関係が「通商」関係として、一八世紀初めに定着した経緯については、すでに述べましたので、ここではオランダ(VOC＝東インド会社)との関係について補足しておきます。日蘭関係は当初、将軍家康と国王オラニエとの「通信」(誼《よしみ》を通じる、すなわち両者の国書交換に基づいた)関係、すなわち外交・貿易関係で始まったことは、ご承知のことと思います。この関係は、末次平蔵の朱印船(船長浜田弥兵衛《やひょうえ》)が、台湾で、当時同島を支配していたオランダ東インド会社の台湾長官P・ヌイツとの間に起こした紛争(台湾事件、一六二八年)による関係断絶(一六二八〜三二年)の後に大きく変わりました。関係修復にあたって幕府は、オランダ東インド会社の素性を徹底的に調べた上で、貿易会社＝商人同然と位置づけ、それまでの「通信」関係から「通商」関係に格下げするとともに、貿易の許可に対する謝恩の儀礼のために、商館長に対して毎年の江戸参府と将軍への拝謁を命じたのです(加藤・一九九八)。これらの事例からも、徳川政権の国際関係に対する基本方針が、まず、「国体」(国内外における国の体面)を守り、国際紛争を防ぎつつも、国内で欠くことができず自給もできない「非自給物資」(八百・二〇一三)を確保するための貿易ルートを維持するという政策意図を確認することができます。それが、長い戦国時代と、とりわけ秀吉の朝鮮侵略戦争による豊臣政権の急速な崩壊という生々しい教訓から学んだ、家康以来の徳川政権のポリシーであり、彼らが現在の私たちに残してくれた歴史的な知恵であり遺産だったと、私には思えるのです。

長々しく、とりとめのない話でしたが、ご清聴ありがとうございました。

〔参考文献〕

朝尾直弘『日本近世史の自立』校倉書房、一九八八年
荒野泰典『近世日本と東アジア』東京大学出版会、一九八八年
——「海禁と鎖国」荒野・石井正敏・村井章介編『アジアのなかの日本史Ⅱ　外交と戦争』東京大学出版会、一九九二年
——「二人の皇帝——欧米人の見た天皇と将軍」田中健夫編『前近代の日本と東アジア』吉川弘文館、一九九五年
——「江戸幕府と東アジア」荒野編『日本の時代史一四』吉川弘文館、二〇〇三年
——「「開国」とは何だったのか——いわゆる「鎖国」との関連で考える」『開国史研究』第十号、横須賀開国史研究会、二〇一〇年
——「通史」荒野・石井正敏・村井章介編『日本の対外関係』五・六・七、吉川弘文館、二

〇一三年、二〇一〇年、二〇一二年
――「海禁・華夷秩序体制の形成」『日本の対外関係五』吉川弘文館、二〇一三年
――「近世の国際関係と「鎖国」・「開国」言説」『比較日本教育研究センター研究報告』第一一号、お茶の水女子大学日本学教育研究センター、二〇一五年
――「言説学事始め――研究史の深化のために」『岩波講座日本歴史 月報二〇』岩波書店、二〇一五年
――「序説」荒野編『近世日本の国際関係と言説』溪水社、二〇一七年
岩井茂樹「「華夷変態」後の国際社会」荒野他編『日本の対外関係六』吉川弘文館、二〇一〇年
大島明秀『「鎖国」という言説――ケンペル著志筑忠雄『鎖国論』の受容史』ミネルバ書房、二〇〇九年
加藤榮一『幕藩制国家の成立と対外関係』思文閣出版、一九九八年
小谷汪之「近代日本の自己認識とアジア観」荒野・石井・村井編『アジアのなかの日本史Ⅰ』東京大学出版会、一九九二年
小堀桂一郎『鎖国の思想――ケンペルの世界史的使命』中公新書、一九七四年
島田竜登「オランダ東インド会社のアジア間貿易――アジアをつないだその活動」『歴史評論』第六四四号、二〇〇三年。
田中健夫「鎖国について」『歴史と地理』第二五五号、一九七六年(後、同『対外関係と文化

交流』(思文閣出版、一九七二年)に再録)
尾藤正英『日本封建思想史研究』青木書店、一九六一年
藤木久志『豊臣平和令と戦国社会』東京大学出版会、一九八五年
――『戦国の作法』平凡社、一九八七年
――『村と領主の戦国社会』東京大学出版会、一九九七年
八百啓介「ヨーロッパ勢力と鄭氏一族」荒野他編『日本の対外関係五』吉川弘文館、二〇一三年

あとがき

私は立教大学退職時に行なった最終講義(立教大学史学会『史苑』第七三巻第一号、二〇一三年)や、私のゼミ出身の卒業生諸君の寄稿と拙稿をもとにした『近世日本の国際関係と言説』(荒野編、溪水社、二〇一七年)の「総説」で、私なりに「近世国際関係史」の研究者として自分の足跡をまとめたことがあります。それらと重なる部分もありますが、現在の立場《スタンス》から、私がなぜ歴史研究を志すようになったのかということと、いわゆる「鎖国」論から「海禁・華夷秩序」論(近世日本国際関係論)へ転換した経緯を説明し、本書の「あとがき」としたいと思います。

もともと私は歴史研究を職業にするつもりはなく、最初に入学したのは東京商船大学(現在は、東京水産大学と合体して東京海洋大学)でした。私は広島県立広《ひろ》高校では文芸部に所属し、顧問の故山碕雄一先生のご指導で文章(小説・エッセイ・評論等)を書く面白さに目覚めました。その術《すべ》を深めるためには見聞を広めるべし、との山碕先生のアドヴァイスを受け、「海が好き……」という理由だけで入学したのが、東京商船大学の航海科(いわゆる船長コース)だったのです。一九六五年の入学後も、山碕先生が広島を拠点に立ち上げられた文学同人(『文都広島』)に加入して文章を書き続け、そこで書いた小説に眼をとめたある出版社の編集者に、いわゆる「作家」デヴューを勧められたこともありました。

商船大で過ごすうちに、私はすでに船長ではなく、物書きとして生きて行くと決めてはいたのですが、そのためにはもう少し勉強したいという思いが強くなってきていました。何かを書くには自分の内面はいかにも貧弱であり、そのための確たるものがないという自覚です。漠然とではありますが、卒業後は自分に不足しているものを補う――内部蓄積を豊かにする――ためにもう一度大学(願わくば東京大学文学部)に入り直したいと決めていました。その時に頭に浮かんだのは哲学と歴史でしたが、哲学は自分の頭には不向きだと思って、歴史と決めたのです。そして、東京商船大学の卒業前に参加した航海訓練が、その後の私の歴史との向き合い方に大きな影響を与えることになりました。

私が在学していた頃の東京商船大学は、卒業に必要な在学期間は四年半で、そのうち一年間は航海訓練でした。四年生の一二月まで「座学」を受けた後――その間も毎年一ヵ月ずつ合計三ヵ月の国内沿岸航海の訓練を受けます――、九ヵ月の航海訓練に入り、それが終了する翌年九月末にめでたく卒業することになります。

航海科は、九ヵ月の航海訓練の初めの三ヵ月は汽船による国内周航、残りの六ヵ月が機帆船による遠洋航海を含む本格的な航海訓練です。私も練習船海王丸《かいおう》で、横浜・サンフランシスコ間を往復しました。往路では、地球が丸いことや、太平洋の向こうには確かに米大陸が存在し、中学時代から習ってきた英語を話せば「通じる」ことなどを身をもって確認し、復路では、ハワイ島に寄港した後、横浜に向けて北上したのでした。その間の経験で、今でも印象深く思い起こすことがあります。

サンフランシスコに寄港した際のことです。練習船は寄港先の市民に船を公開するのが通例で、練習生たちは訪問客を案内するガイド役を務めます。そのお客の一人南《ナム》さんという品のいい朝鮮系のご老人を案内した後、そのお宅に招待されました。日本占領時代を経験された南さんは、戦後日本で数年暮らした後に、サンフランシスコに渡って成功し、当時はサンフランシスコの街を見下ろす瀟洒なお宅にお住まいでした。眺めのいい居間で談笑しているうちに、ふと南さんが真顔になり、「日本は、また戦争をしますか？」と静かな口調で尋ねられたのです。私はまだ戦前の朝鮮関係についてあまりよくは知らなかったのですが、それなりの正義感は持っていたので、「そんなことはしません！」とかなり強い口調で答えました。南さんはそれに何とも答えられず、穏やかに私の方を観ておられるだけでした。

一九七〇年九月に帰国、東京商船大学を卒業した後、半年間の受験勉強を経て、なんとか東京大学文学部に入学することができました。歴史のなかでも日本史を専攻することになったのは、商船大学の航海訓練で米国に行き、如何に自分が日本を知らないかということを痛感したことが幾つかの理由の一つでした。

前期課程の駒場キャンパスでの勉強は何もかも楽しく、特にドイツ語に熱中しました。後期課程の本郷キャンパスに進学する時には、ドイツ語を活かしたいという思いもあり、日本近世の蘭学・洋学史を勉強しようと思っていました――オランダ語はドイツ語に近いらしいという打算もあったのですが、実際はかなり違うということが解りました。

本郷進学後、恩師の一人、尾藤正英先生が――たしか「日本史研究入門」の講義で――、蘭学・洋学を研究するには、その前提となる「鎖国」のことを知らなければならない、と仰ったことが直接のきっかけになり、自分の研究分野を対外関係に決めました。その後進んだ大学院では山口啓二先生の指導を受けることになりましたが、その大学院でも、大学院卒業後に就職した東京大学史料編纂所、立教大学でも、そして立教大学を退職してからも、対外関係を研究し続けることになったのです。

しかし、この「あとがき」の冒頭にも書いたように、私は当初は、かなり頑固な「鎖国」論者でした。それは、卒業論文「幕藩制中期における都市・長崎の構造と特質――鎖国制下の長崎の位置づけについて」や、修士論文「幕藩制下における外交権の特質について――対馬・宗氏の場合」を見てもわかります。それらの論文では、「四つの口」論の概念を導入したり、宗氏等の外交権が幕府に対する「家役」であったことをつきとめたりするなど、その後の研究につながる論点も多く含まれてはいるのですが、私が「鎖国」論者であることは変わりませんでした。

それが一八〇度変わるきっかけになったのが、一九八三年五月の歴史学研究会大会(歴研大会)の全体会報告を引き受けたことです。

一九八二年七月以降の近隣諸国からの教科書批判を受け、この年の歴研大会全体会は、「従来の歴史研究のあり方を反省し、あらたな研究創造の糧にする」ことを目標として、「東アジア世界の再編と民衆意識」をテーマにしていました。そのなかで、報告者の私に投げかけられたのが、「近世の日本は鎖国していたはずだが、近代に入って急に侵略性をもつようになる。このメカニズムは何か」という問いだったのです。

歴研大会の報告については、その年の『歴史学研究』五月号に、どのようなテーマで、どのような内容の報告をするのかという予告が掲載されます。私は前年一一月頃に提出したその予告原稿で、「鎖国論に対する批判はいろいろとあるが、私は鎖国でいいと考えているので、鎖国論を前提に大会で報告をする」と書いていました。

しかし、実際に五月の全体会で「日本の鎖国と対外意識」と題した報告を行なったときの私の主張は、「鎖国」論はやめて「海禁・華夷秩序」論でいく、というものに変わっていたのです。

歴研大会での報告が決まると、その準備のために、関連するテーマの第一線の研究者たちが集まって、質の高い「支援報告」をしてくれるという慣習があります。準備過程でうかがったそれらの「報告」と、私自身のアイデアとをすりあわせながら到達したのが、「四つの口」の関係性を前提にしないで近代以降の日本の動向を語ることはできない、すなわち、従来の「鎖国」イメージでは投げかけられた「問い」に答えることはできない、という結論だったのです。

「問い」に即して言えば、従来の「鎖国」観とは異なり近世の日本にも国際関係はあり、それが再編される過程で近代日本は侵略性をもつようになったということになります。なぜ再編の過程でそうなったかというと、近世の日本では国際関係は一種の権益となっていて、明治維新後の日本はその国際関係を近代的な形に再編しつつ確保しなければ存続できなくなるからだ、というのが報告の結論でした。

その後、私はその立場を堅持しながら、自説の洗練とさらなる展開を図ってきました。本書はその成果をできるだけわかりやすく多くの方に届けたいという思いでまとめたものです。

本書のもとになった、かわさき市民アカデミーでの講義(二〇〇二年)と、明治維新史学会第四七回大会での公開講演会(二〇一七年)を企画し、記録をまとめてくださった担当者のみなさま、また、本書をまとめてくださった岩波現代文庫編集部の吉田浩一氏に、あらためてお礼を申しあげるとともに、本書の門出に幸あれと願うものです。

二〇一九年秋

荒野泰典

本書第Ⅰ部は二〇〇三年に刊行された『「鎖国」を見直す』(かわさき市民アカデミー講座ブックレット13、(財)川崎市生涯学習振興事業団かわさき市民アカデミー出版部)、第Ⅱ部は二〇一七年に『明治維新史研究』第一五号(明治維新史学会)に掲載された「明治維新と「鎖国・開国」言説――近世日本が「鎖国」と考えられるようになった歴史的経緯とその意味」に修正を加えたものである。

「鎖国」を見直す

2019年12月13日　第1刷発行
2023年12月15日　第2刷発行

著　者　荒野泰典《あらのやすのり》

発行者　坂本政謙

発行所　株式会社　岩波書店
〒101-8002 東京都千代田区一ツ橋2-5-5

案内 03-5210-4000　営業部 03-5210-4111
https://www.iwanami.co.jp/

印刷・精興社　製本・中永製本

ISBN 978-4-00-600412-5　Printed in Japan

岩波現代文庫創刊二〇年に際して

二一世紀が始まってからすでに二〇年が経とうとしています。この間のグローバル化の急激な進行は世界のあり方を大きく変えました。世界規模で経済や情報の結びつきが強まるとともに、国境を越えた人の移動は日常の光景となり、今やどこに住んでいても、私たちの暮らしは世界中の様々な出来事と無関係ではいられません。しかし、グローバル化の中で否応なくもたらされる「他者」との出会いや交流は、新たな文化や価値観だけではなく、摩擦や衝突、そしてしばしば憎悪までをも生み出しています。グローバル化にともなう副作用は、その恩恵を遥かにこえていると言わざるを得ません。

今私たちに求められているのは、国内、国外にかかわらず、異なる歴史や経験、文化を持つ「他者」と向き合い、よりよい関係を結び直してゆくための想像力、構想力ではないでしょうか。

新世紀の到来を目前にした二〇〇〇年一月に創刊された岩波現代文庫は、この二〇年を通して、哲学や歴史、経済、自然科学から、小説やエッセイ、ルポルタージュにいたるまで幅広いジャンルの書目を刊行してきました。一〇〇〇点を超える書目には、人類が直面してきた様々な課題と、試行錯誤の営みが刻まれています。読書を通した過去の「他者」との出会いから得られる知識や経験は、私たちがよりよい社会を作り上げてゆくために大きな示唆を与えてくれるはずです。

一冊の本が世界を変える大きな力を持つことを信じ、岩波現代文庫はこれからもさらなるラインナップの充実をめざしてゆきます。

（二〇二〇年一月）